U0016251

陪 他 經 歷 喜 怒 哀 樂， 說 出 真 感 受

讓孩子在情緒裡學會愛

澤爸（魏瑋志）——著

【推薦好評】

澤爸的分享，讓我們看見理性與感性交融的教養智慧、知識與體驗並重的親職系統。澤爸的文章，是絕佳的素人創作，更是連專家也會折服的超實用父母參考書。

——親職教育專家　楊俐容

看完工程師澤爸的親子教養分享，爸爸也可以像媽媽一樣溫柔，讓孩子放心的黏著你不放！原來每天發生的親子狀況題，也能有SOP像拆炸彈引信一樣輕鬆解除！

——親子天下數位總監　陳世耀

透過澤爸的文字，讓人感受到在教養上，爸爸原來可以很細膩，媽媽也可以很安心。這是一本非常貼近生活、沒有距離，如同好友與你對話、分享，讓親子關係更香醇、濃郁的陪伴紀錄。

——王意中心理治療所所長／臨床心理師　王意中

深受媽咪界喜愛的澤爸傳授親子教養心法，澤爸證明每個好爸爸都是當了爸爸才學會做爸爸的。這本書超實用，簡直就是聰明好爸爸的筆記底加線，唯一副作用：後悔自己太晚學會了！

——電台節目主持人　曾國榮（曾爸）

自序

為父的轉念與蛻變

陪伴與了解，是父母給孩子最珍貴的禮物

那天凌晨，睡夢中感覺一陣搖晃，恍惚之際，睜開迷濛雙眼，看到昏暗光影下，老婆捧著便便大腹，微微皺眉，搖著我說：「羊水破了！」聽到這句話讓我瞬間清醒，猛然從床上跳起，並且喃喃自語：「要趕快去醫院了……要趕快去醫院了……」在一陣手忙腳亂的準備中，拎著生產包踏出家門，準備迎接孩子的到來。

從護士手上接到澤澤的那一刻開始，「我當爸爸了！」的聲音便在心中繚繞，我開始意識到，我除了是自己、是老公之外，還多了一個角色，那就是爸爸。

爸爸的角色對我而言，不僅僅是物質的提供者，更是孩子永遠的陪伴，陪伴他們度過無數的第一次——第一次哭、第一次笑、邁開第一個步伐、第一次開口說話、第一天

上學……並且與他們共享每一個無可取代的回憶。

★澤爸的轉變：領悟教養的初衷

除了角色的「升級」，澤爸對於教養孩子的理念與方式，也有一百八十度的領悟與蛻變。在沒有孩子之前，我其實認爲從小接受的打罵教育並無不妥，畢竟，自己也是在父母「不打不成器」的教養框架下長大，而且一路走來，人格發展上也沒有什麼偏差，讓我誤入歧途。

有一次，當時才兩歲多的澤澤犯了錯，我對著他很兇的大吼一聲：「你這什麼態度？」澤澤先是被我的吼聲嚇到愣了一下，接著哭起來。澤澤的哭聲對當時正處於暴怒的我而言，如同火上加油，被哭聲更加激怒的我，就像一座即將爆發的火山，我帶著熊熊怒火，一手就把澤澤扛了起來往廁所裡去。

小小的空間裡，迴盪著澤澤宏亮的哭聲，我必須不斷提高訓斥的音量，才能壓過他的哭吼。當我的怒氣再度飆到頂點時，澤澤哭著哀求：「我不要爸爸這麼兇！」此時，我微微的抬起頭看到鏡子裡的我，漲紅著臉、面露兇相、劍拔弩張，那張臉，連我都快不認得了。

看著鏡中那個陌生的我，再轉頭看看澤澤充滿恐懼與驚嚇的臉龐，我心想：「我爲什麼要用如此兇狠的臉，面對我最愛的人呢？」於是，我緩緩的推開門，從廁所走了出來，澤澤立刻奔向媽媽哭訴著：「嗚嗚嗚……我怕爸爸！爸爸好可怕！」伴隨著澤澤的哭聲與老婆的安撫，複雜的思緒在我腦中不斷交錯浮現。

「如果教養是爲了讓孩子更好，爲何要讓孩子感受這般恐懼？」

就在霎那間，我突然領悟了。教養的目的，當然是爲了孩子好，然而打罵孩子這些魯莽的舉動與言語暴力，卻讓孩子充滿驚恐，而這種「驚嚇」與「恐懼」的氛圍，又如何能引導孩子正面思考，往正途前進呢？於是我終於看清，原來**父母所表現出讓孩子產生害怕與恐懼的行爲，其實只是對於無法掌控孩子的情緒宣洩，然後再用「爸爸這麼做都是爲你好」來包裝與掩飾自我的不安與愧疚**。

★從工程師變身親職講師

有了這層領悟之後，我開始大量吸收親子教養相關知識，將其內化成自己的方法，活用在孩子身上。慢慢的，我發現，只要用對方法與溝通技巧，其實大部分的親子衝突都是可以化解和避免的。而這些反思與調整，也逐漸成為我自己的一套理論，並且提供自身經驗在部落格與粉絲團上與大家一起分享、討論與互相交流。

也因此，開始有親子演講的邀約，在喜愛我演講的聽眾們互相推薦之下，演講場次與日俱增，電視、廣播等通告也隨之而來。我的身分，就此從在科技公司的上班族，轉變為專業親職講師。

當然，也有了這本書的到來。

★先陪伴、了解孩子，再來談教養

書中所舉的故事、案例與情境，皆是每個家庭生活中實際會發生，也常面臨的生活經歷與日常狀況。教養從來都不是冷冰冰、死板板的理論，我們面對的是活生生、有情緒、有反應、有互動，並且對其充滿愛的孩子，所以當然要以情感、陪伴與了解為根基，再來談教養。

透過書中的每一個情境，你將感受到親子之間的情感建立與聯繫，都是長時間一點一滴的陪伴所累積。跟孩子聊天、幫孩子洗澡、講睡前故事、陪孩子玩遊戲……親子間的每一個互動、每一個笑容、每一個不可取代的相處時刻，都會在孩子心中，對父母產生層層堆疊的信任，建立起親子之間堅不可摧的安全感與甜蜜羈絆。如此，孩子才會更願意敞開心胸與爸媽相處、溝通，我們也才能更了解孩子。

與孩子的相處，其實就是「陪伴」與「了解」這兩件事而已。

目錄

PART 2 孩子漸漸長大會面臨的各種狀況

PART 3 當孩子的行為與我們的想法有衝突時

PART 4 當孩子與他人產生衝突

PART 5 各種場合的情境教養

前言

掌握教養大原則，各種狀況都能從容應對

澤爸認爲親子教育，可從四個面向談起：情緒、溝通、教養與關係，每個面向都有基本原則可遵循。

情緒

關於情緒，我們不只要面對孩子的情緒，更要顧及大人的情緒。

★孩子當然可以哭鬧

每個人都有生氣、難過等負面情緒的時候，大人或許知道用運動、消遣、抱怨等方式宣洩，但孩子不知道要如何表達，也不知道該如何發洩，當有負面情緒的時候，就只會哭鬧。所以**我們要把孩子哭鬧的行爲視爲常態，而非抱怨「怎麼又在哭了！」**有了這個認知和心態，不管面臨任何情境，都可以採用正面的心態去處理孩子的哭鬧與失控。

情緒本身沒有對錯，只有發洩情緒的方式，會不會影響到他人而已。

孩子當然可以哭鬧。但更重要的是教導孩子，如何在不影響他人的情況下，正確的宣洩情緒。當孩子哭鬧打媽媽時，請跟孩子說：「你打媽媽，媽媽好痛喔。不可以打我，不然你搥枕頭好啦！」當孩子在大庭廣衆下大哭大叫，請跟孩子說：「你這樣大叫會讓別人不舒服，走，我陪你去沒有人的地方哭。」

★不要在孩子哭鬧時講道理

當負面情緒掌控行爲時，只會讓人感覺煩躁與激動，此時的我們，耳朵是關起來的，聽不進任何道理。然而，當我們對著正在哭鬧的孩子講道理時，若孩子的反應是不想聽、沒在聽或頂嘴，只會讓我們更加生氣而已，所以，何必白費唇舌呢？**不要在孩子哭鬧的時候講道理，當下只要先安撫孩子的情緒就好**。

依照澤爸的經驗，**當孩子哭鬧時，我們可以對孩子說一句神奇咒語：「我陪你哭完。」來安撫孩子的情緒**。這句神奇咒語有兩個意涵：**「同理」**與**「陪伴」**。父母同理孩子可以有負面情緒想要宣洩，而且讓孩子知道在這個過程中，爸爸媽媽會一直陪伴著你。當孩子感受到爸爸媽媽的理解，與願意陪伴自己時，很快的就可以從哭鬧中平復情緒。

★「換手」「離開」與「沉默」，面對孩子的哭鬧

除了孩子的情緒，父母的情緒也不能忽略。當我們用負面情緒面對孩子，只會被情緒綁架行爲與言語。當你怒氣沖沖、一觸即發的時刻，很有可能言行失控，不管是打罵、威脅或羞辱孩子，往往會造成孩子身心上的傷害，更加破壞了親子關係。

大人的價值，在於比孩子更懂得情緒管理。

當我們自知正處於暴怒狀態，面對孩子哭鬧時，可以**「換手」「離開」**與**「沉默」**。「換手」，就是請另一半或他人處理孩子的狀況。「離開」，意即遠離是非之地，等情緒平復之後再回來繼續溝通。「沉默」，則是當沒有人可以換手或當下無法離開孩子時，至少可以選擇沉默，不要隨著孩子的哭鬧起舞，請自行調節呼吸與情緒，等冷靜下來再做反應。

溝通

一味要求孩子聽從父母是「命令」，然後再用大道理包裝是「說服」。不管是命令還是說服，都是溝通的單行道。當親子之間的溝通只有單向時，孩子一開始或許會嘗試強烈表達不滿或頑強抵抗，假使依然無效，就會私下偷偷來或是不想再與爸媽溝通了。

★雙向溝通，才能避免孩子陽奉陰違

只有雙向溝通，才能真正理解孩子心中的想法。

父母必須向孩子說明我們希望他這麼做的原因，再傾聽孩子的想法，一起討論如何可以達成雙方都同意的雙贏決定。有來有往，暢行無阻，才是所謂的雙向溝通。

★單純傾聽，不加任何評論與建議

很多父母才聽孩子說了一句話，便立刻打斷並加以反駁：「我懂你的意思，但爸爸要跟你說的是……」或是當孩子講了一句不好聽的話，我們立刻嚴厲糾正：「講話怎麼這麼難聽，以後不可以……」即使我們是爲了孩子好，但這樣做只會讓孩子心中產生「爸媽都不懂我，反正講了他們也聽不懂」的念頭。久而久之，父母與孩子之間的裂縫就會越來越大，親子之間的距離也越來越疏離。

傾聽，就是不加任何評論與建議。

訴苦與抱怨，其實也是一種宣洩情緒的方式。當孩子跟你訴苦學校發生的事情，抱怨同學不友善，或是老師對他不好……都只是在發洩。父母只要傾聽就好，不一定要給予批評或建議，才算盡到父母的責任。有時候，讓孩子感覺我們跟他是同一國的，孩子才會願意滔滔不絕的讓我們知道更多，父母也能更了解孩子，進而達到親子溝通的目的。至於教導與糾正，就請等孩子講完之後再說吧。

★真誠回應孩子，拉攏孩子的心

孩子在跟我們講話的時候，若我們一邊打電腦或滑手機，一邊隨口應答：「嗯，嗯。」其實孩子都知道，我們並沒有認眞在聽他講話或回應他。

父母現在不回應孩子，孩子以後就不會回應我們喔！

放下手上的事物，眞心的看著孩子、回應孩子，讓他們感受到「我們有認眞傾聽你說話，並且確實接收到你的想法」，父母與孩子的心，才會相連在一起永不分離。

教養

當孩子表現出負面行爲，父母當然要教導，但更重要的是了解孩子行爲背後的原因。

★了解孩子行為背後的原因

哭鬧、耍賴、生氣或叛逆，其實都是孩子的內心因爲某種刺激，所表現出來的行爲。假使我們每一次都只是針對孩子表面上的行爲做出批評與指責，並沒有找出孩子行爲背後的眞正原因，反而會讓他越來越受傷與挫折。

當孩子不知道怎麼借玩具而哭鬧、想要媽媽陪伴而耍賴、想吃餅乾卻不能吃而生氣、心情不好不想解釋而叛逆……時，父母在責備與批評他的行爲之前，應該先理解他爲什麼這麼做，然後引導孩子下次遇到同樣的狀況該怎麼辦。

我們可以告訴他，想向玩伴借玩具不用哭鬧，只要去詢問對方或跟對方交換玩具就好；想要媽媽陪伴不用耍賴，只要跟媽媽說「我想要媽媽陪我」，媽媽就會陪你；想吃餅乾不用生氣，爸爸答應你，只要你先吃完飯就可以吃餅乾；如果覺得不開心也不用故意唱反調，找媽媽抱怨一下就好。

★讓孩子學習負責任

教養的目的，是希望孩子可以記得他做過的不當行爲，並期望他下次可以做對。然而，實際上，當孩子打翻東西，多數爸媽唸歸唸，依然會起身幫孩子處理；孩子在學校忘記帶東西，爸媽講歸講還是幫忙送到學校；孩子不收拾玩具，爸媽罵歸罵，也總是忍不住動手幫孩子整理。如此一來，孩子永遠不會記得他哪裡做不對，也永遠缺乏練習對自己負責的機會，因爲爸媽總是搶先一步，把他該負的責任給扛走了。

爸媽給孩子最好的教養禮物，就是讓孩子有一顆負責任的心。

讓孩子學習承擔責任以及接受後果。打翻東西，請自己擦拭；在學校忘記帶東西，讓孩子自己試著面對；不收拾玩具就當場沒收，等願意愛惜和整理時再還給孩子。如此，孩子才會眞正記得他哪裡做不對，下一次才會自動自發的把事情做對。

讓孩子從小開始練習，從小事慢慢累積，只要懂得對自己及他人負責，父母其實就不太需要爲孩子的將來擔心。

★教養不是軍紀，要有彈性

家庭不是軍隊，規範是爲了讓孩子學會分辨對錯，以及學習對自我負責，而不是爲了處罰而處罰。當家中只有嚴格的紀律而缺乏彈性，就會少了點愛的感受。

教養中的彈性，主要是因爲「愛」的必須。

要讓孩子知道，我在教導你，但是，我依然愛你；我在處罰你，但是，我依然會陪著你。讓孩子知道我們無論如何都會愛他，永遠跟他站在同一陣線。讓孩子知道你對他的愛，永遠比管教重要。

關係

家人之間沒有對錯。爭執誰對誰錯的當下，往往就是產生裂痕的開始，一旦產生裂痕，要彌補就更難了。親子關係也是一樣。

★不做人身攻擊，只表達內心感受

「玩具是別人的不可以搶啊，你實在是很不聽話！」「爸爸說過我要休息，你眞的很不乖耶！」「你怎麼可以說不愛媽媽，你實在是很糟糕！」雖然我們都知道這些話是針對孩子當下的行爲而講，與孩子本身無關，但孩子不知道。「不聽話」「不乖」「糟糕」這些話語，會被孩子誤認爲我們是在批評他這個人。「媽媽都覺得我不聽話。」「算了啦，反正我就是不乖。」「我眞的有這麼糟糕嗎？」孩子一連串對自我的質疑與否定，也慢慢的切斷了我們與孩子之間的關係。

對於孩子的行爲，無需講出人身攻擊的言語，只需表達內心的感受就好。

「你搶人家玩具，他會很生氣。」「爸爸現在眞的好累、好不舒服，我休息一下再陪你。」「你說不愛媽媽，媽媽很傷心。」對孩子適度表達自己與他人內心的感受，讓孩子更能同理爸媽與理解他人，才能更貼心體會到每個人的感受，讓彼此的關係更緊密。

★家人之間沒有對錯

當家人之間意見分歧，吵架吵到面紅耳赤、僵持不下，只爲了讓對方認錯並且希望對方認爲我是對的，但最後通常無法達到這些目的，反倒留下深深的不滿與怨恨，甚至讓家人間的情感回不去從前的關係。

假使我們把孩子的一切行爲解讀成「聽話才是對，不聽話就是錯」，當孩子常常不願意照著父母所說的去做時，父母也常會因爲「這麼做是爲了你好。」「都已經講原因了，怎麼還是不聽？」情緒一定會受影響，進而對孩子大吼大叫、批評責備，貼上「不聽話」「不乖」的負面標籤。此時若孩子更加頑強抵抗，親子之間的裂痕便會一點一點的擴大。只有跳脫「對」與「錯」的框架，平心靜氣聆聽孩子、了解他的想法、同理其心境，共同討論出最適合彼此的方式，才能讓一輩子的親子關係緊密相連。

★教養是一時的，關係是一輩子的

教養的初衷，都是希望孩子可以更好。爲了要教好孩子，父母常強硬的訂下規範要求孩子執行，孩子也常堅持自己的想法不願服從，雙方僵持不下，戰火一觸即發，讓原本應該是充滿愛的家，成了爭吵不斷的戰場。

教養孩子固然要緊，但請別忘了**「親子關係比教養重要」**。

不要爲了教孩子，而不斷與孩子發生衝突；不要爲了孩子好，而強逼孩子做他不願意做的事情；不要因爲孩子沒有做到，而不斷批評與責罵。找到教養中的彈性，討論出雙方都接受的方式，用提醒取代批評，不讓孩子的內心因爲教養受傷，而是感受到爸媽永遠都是這麼愛我、支持我與陪伴我，因爲，教養是一時的，但關係卻是一輩子的。

澤爸獨創！親子溝通SOP

當孩子發生狀況，父母請先別急著生氣，也不必煩躁，只要心中有SOP就好。而這個親子溝通SOP，也是依循澤爸的親子教養基本原則而來：規範→情緒→溝通→教養→關係。

規範：夫妻教養原則一致，事先定義家中規範及劃清是否介入孩子事情的界線。

情緒：當狀況發生，確認孩子或自己是否有情緒，等雙方情緒平穩再繼續溝通。

溝通：傾聽孩子的內心，讓孩子對父母放心傾訴。親子共同討論出雙贏的方法。

教養：跳脫對與錯的框架。教育孩子成為能夠同理他人與對自己、他人負責的人。

關係：在處理孩子狀況的尾聲，別忘了給孩子一個稱讚、一個鼓勵及擁抱。

面對教養時的各種狀況，即使有SOP，但人是活的，方法是死的，情緒是起伏的，步驟是呆板的，我們還是要依照孩子的個性與當下的情境，活用教養的方法與技巧隨機應變。畢竟最了解孩子的是我們，父母對自己有信心，孩子肯定會越來越受教。

當父母面對各種情境狀況時的SOP

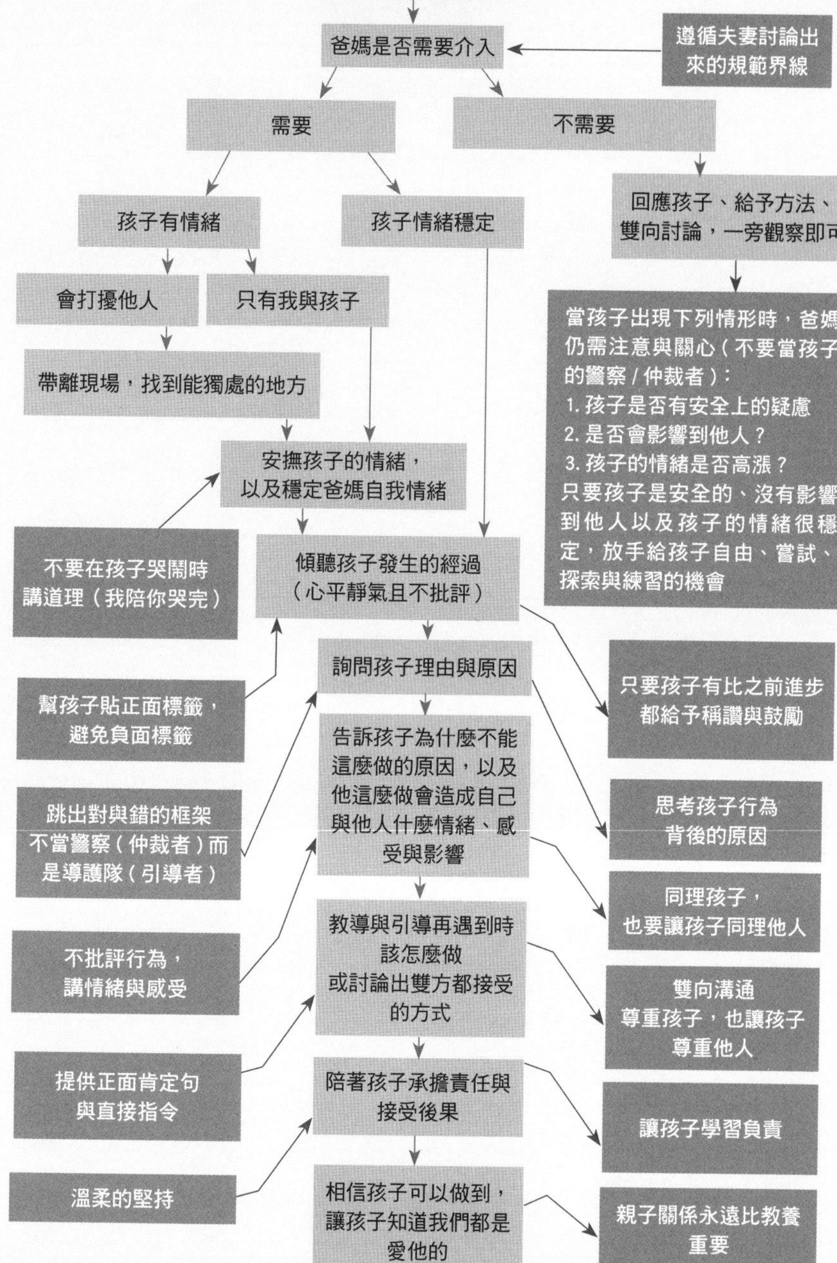

PART 1
教養理念誰說的算？

為何照著教養書做，還是有問題？

面對教養的困惑

自從澤爸開始對教養有所領悟，重新學習親子溝通，與孩子一同成長的路上，也並非一帆風順，當孩子發生狀況時，澤爸也像一般父母一樣有許多挫折、無奈與不解，「明明就是照著教養書上說的做啊，怎麼結局不是那種皆大歡喜、父子相擁的幸福灑花畫面呢？」

小孩照書教，你真的做對了嗎？

有一次，澤澤在房間玩著玩具，我坐在客廳不時聽到咚咚咚的敲牆聲，我好奇的起身往房間走去，看到澤澤手拿玩具敲著牆壁。我立刻出聲喝止：「澤澤，不要拿玩具敲牆壁喔！」澤澤彷彿沒聽到我說話，毫無停下來的意思，越敲越開心，越敲越用力。我走上前，抓住澤澤的手，再次重申：「爸爸說不要再敲了喔！」突然被我制止的澤澤，除了嚇了一跳也有點不高興，於是很用力的想要掙脫我的手，他越是用力掙扎我當然就抓得越緊。

早已決定不打不罵孩子的我，想到曾經看過教養書上有一種處理方法，叫做「Time out暫停」。就是強制暫停孩子正在做的事情，甚至把孩子單獨留在房間裡，讓孩子在無干擾的房間中試著調適自我情緒，同時也可以練習自我反省。

於是，我對澤澤說：「你剛剛沒有好好的玩玩具，所以爸爸要把你關在房間裡面五分鐘，請你自己好好想一想。」話一說完，不讓澤澤有反應的時間與機會，立刻伸手奪走他正在玩的玩具，隨即走出房門並用力把門關上。澤澤被我這個舉動嚇到，當然跟著我身後想要追出來，卻只能用力拍打房門大聲喊著：「爸爸，爸爸，我要出去，我要出去。」隔著一扇門，聽著澤澤難過的哭聲，心中雖有不忍，但卻不斷的說服自己：「這是書上教的，絕對不會錯！」

「爸爸，幫我開門。」「爸爸，我不要一個人在房間。」「爸爸，我要出去。」這五分鐘宛如五小時之久，不管澤澤哭得多悽慘，我還是得強忍住想要開門的念頭，直到倒數計時準確的結束。

我緩緩開了門，只見澤澤哭著鑽出門縫，抱著我的大腿放聲大哭，而且似乎比實施「Time out暫停」前更加難過，也不像書上說的，小孩會因此情緒變和緩。甚至從這次之後，每當房間裡只有我跟澤澤兩人獨處時，我只要往門外走去，澤澤便會驚恐的追上來：「爸爸，你要去哪裡？」一副深怕我會再次把他關在房裡的模樣。於是，我花了比「關房間五分鐘」更多倍的時間，才漸漸讓澤澤擺脫這個恐懼。

看著澤澤驚恐與哭泣的神情，我嘆了一口氣，心想：「為什麼明明照著書上說的做，還是有問題？還是找不到最好的教養方法？」

★無論採用哪種教養法，都要先了解孩子

有了這個疑問，我決定直接問問當事者的感受。我找了一個與澤澤獨處的機會問他：

「兒子啊，你記得爸爸上次把你一個人關在房間裡嗎？」

「記得啊。」澤澤點點頭。

「當時你爲什麼會這麼難過啊？」

「我不喜歡一個人被關起來。」

「你不是一個人啊，爸爸就在門外啊。」

「不一樣，你是在外面，而且我要爸爸開門，你都不開！」澤澤似乎想到當時的情境，有點生氣。

「那是因爲你拿玩具亂敲，所以爸爸才要你自己一個人想一想啊。」

「你陪在我旁邊，我也可以想啊。」

我頓時笑了，也想通了，澤澤天性喜好與人接觸、不愛獨處，像這樣毫無預警的把他強制隔離，澤澤的內心當然只有恐懼，根本起不了教養的效用。

在教養孩子之前，**一定要先了解孩子**。了解孩子遠比教養重要——了解孩子每個時期所發展出來的能力，了解孩子與生俱來的獨特個性，了解孩子與我們長期相處的習性，才能找到最適合彼此個性的方式來處理。**父母要以孩子的角度與高度適性教養，而**

非一味的把教養理論套用在自己跟孩子身上。

不僅是孩子，每個父母的個性也都有所不同。因此，我們要把教養書上的方法視爲基本原則與方向，再依照我們與孩子的個性做細部調整，藉此找到最適合彼此的溝通方法。

★適性教養：沒有「最好」只有「最適合」

此後，當澤澤又發生類似的事情時，因爲我已了解澤澤的個性，於是我會先與澤澤講清楚：「你剛剛又亂丟東西，爸爸已經跟你講過囉，如果再一次，你就坐在我身邊，不能玩任何東西五分鐘，不過爸爸會陪你。」如果澤澤接受，即使我待在孩子身邊也同樣可以產生「Time Out暫停」的效用。如果澤澤大哭大鬧反抗，即使爲了隔絕外界對他的影響而把門關起來，我也會跟他在房間裡面安撫他，直到他停止哭泣，再陪他一起度過這冷靜的五分鐘。如此，不僅達到了教養的目的，也讓孩子感受到我依然是陪著他，愛著他的。

當我試著改變與調整之後，教養的效果也出乎意料的強大。我不但更加了解孩子，也更加知道怎麼與孩子溝通，再以此摸索出最適合我與孩子之間的適性教養。我不再因為「為孩子好」，卻反而讓「關係變得不好」。每個孩子都是獨一無二的，只有「先了解再教養」，才可以讓孩子和親子關係變得更好。

我相信任何書上提到的教養法，出發點都是好的，也一定有人受用，但不全然可以百分之百套在自己與孩子的身上。我們要從這些教養書及文章上學到的，是教養孩子的觀念、大方向與大原則。**「不打不罵，對孩子講道理」是個大原則、「引導孩子」是個大方向、「有了孩子之後才開始學習怎麼當父母」則是觀念。**

爸爸經不碎唸

家中不只一個孩子時，面對個性截然不同的孩子，就要運用不同的教養方法。換句話說，即使已建立了和澤澤的相處模式，我也要與妹妹花費重新磨合出最適合我與她的教養方式，而非把對哥哥的公式套在妹妹身上。

爸媽與孩子的想法互不相讓

跳脫對錯，成就雙贏

親子間許多事情，並非只有「對」與「錯」，其中還包括許多彈性與寬容。傾聽孩子的聲音，認同孩子與爸媽不一樣的想法，並試著讓孩子了解父母這樣說、那樣做的原因及理由，才能一起想辦法達成父母與孩子各自希望的目的。

當孩子只想吃水果不要吃飯

花寶撒嬌的看著我並搖搖頭，表示她不想吃飯了。我看了看花寶只吃兩口依然滿滿一碗的飯，對花寶說：「但妳只有吃幾口耶，等一下肚子餓了怎麼辦？」花寶想了一想，跑去客廳，手上拿著幾片蘋果，笑著對我說：「那我吃水果就好了，不用吃飯。」

「不能只吃水果啦，還是要吃飯啊。」我搖搖頭。

「但是我吃飽啦，我現在只想要吃水果啊。」花寶被我拒絕，有點難過帶著激動。

「妳才吃幾口而已耶，怎麼會飽呢。」我笑了笑說：「不然，妳再吃幾口就好。」

「我就是要吃水果。」固執的花寶不肯退讓。

「沒有，就是要先吃完飯，才可以吃水果。」我也毫不妥協。

互不退讓的兩方，親子衝突一觸即發。

★跳脫「對」與「錯」的框架

「沒有先吃水果，一定要把飯吃完。」「怎麼只穿短袖呢，一定要穿外套。」「媽媽煮飯時，不可以進廚房，踏進來就處罰你喔。」回想我們一整天跟孩子相處，從起床、換衣服、吃飯、出門、洗澡和睡覺等，彷彿任何事情都陷入了「對」與「錯」的框架中，而且只有照著大人的意思去做才是「對」的，其他都是「錯」的，有時根本沒有轉圜的餘地，只要孩子堅持要做與父母想法相反的事情，或許就會落得被處罰的下場。

我們往往希望藉由告訴孩子哪裡做「錯」了，讓孩子記得為什麼「錯」，進而學習到什麼才是「對」的。但生活中所有的事，難道只有「對」與「錯」這兩個選項嗎？沒有坐好吃飯，錯！挑食，錯！沒有分享玩具，錯！如此一來，不但讓父母對於教養充滿挫折，孩子也會感到沮喪。

凡事只有「對」與「錯」，只會讓孩子越來越退縮，因為動輒得咎，做什麼都是「錯」，以致信心全失。也會讓孩子每天在猜測中度過，因為爸媽「對」與「錯」的尺度會隨著心情改變，也讓孩子無所適從。最後，甚至演變成爸媽說不能做的事情，就趁著他們看不到的時候偷偷做，或是被發現了趕緊推卸責任。

這跟被警察開罰單有何不同呢？

★當孩子的「導護隊」，引導孩子往正確方向前進

父母要避免陷入「不斷向孩子開罰單」的迴圈，不要做孩子的「警察」（仲裁者），要跳脫「對」與「錯」的框架，成為孩子的「導護隊」（引導者）。

學校的「交通導護隊」拿著旗棍，保護並指揮著過馬路的孩童們，當孩子走偏，沒

有對與錯，「導護隊」只需伸出旗棍一揮，引導孩子往學校的方向前進，而不是像警察一般，抓到有人違規，立即開罰！

當花寶只想吃水果不想吃飯，而我堅持要他先吃完飯才可以吃水果時，我突然驚覺：「哎呀，我怎麼又陷入警察的角色了。」此時，我念頭一轉，如果我轉換成導護隊的角色，會怎麼看待這回事？對花寶而言，現在水果比較吸引她，而我的目的是希望花寶不會餓肚子，然後得到充足的營養，那麼，要怎麼達到親子雙方各自的目的呢？

我帶著淺淺微笑跟花寶說：「花寶，爸爸知道妳比較想吃水果，但是爸爸希望妳可以吃飽，那……」我停頓了一下，花寶瞪大雙眼等著，我接著說：「那~要不要吃水果飯啊?!」花寶聽到可以吃水果，超級開心的點點頭，我把花寶手上的蘋果剪成一塊一塊放在飯裡，再用湯匙挖了一大口飯菜，然後把一小塊蘋果放在飯菜上：「啊~」花寶立刻張開嘴大口吃了進去，邊嚼邊笑。

最後，花寶將整碗飯連同水果，全部吃光光，也更愛跟爸爸一起吃飯了。

爸爸經不碎唸

用馬克杯裝著半杯熱水，在安全的保護下，讓對廚房感到好奇的孩子試著觸摸杯緣的溫度，引導孩子知道什麼是「燙」，真正了解廚房的危險，而非只是一味的禁止孩子踏進廚房。或者，天冷時，乾脆拿起外套，帶著孩子站在外面直接感受溫度，讓孩子自己決定要不要多加衣服。如果擔心，請孩子把外套放進包包裡，只需提醒：「感覺冷了，就要拿出來穿喔。」不用硬逼著孩子穿外套才可以出門。

父母以「導護隊」的角色看待所有的事，會減少許多親子間的戰火，進而讓親子關係會越來越好。

孩子們吵架，我要介入嗎？

自由與限制的界線

孩子人格尚未成熟，需要父母的引導與教導。但我們也用不著凡事管教，適度放手給孩子自由，除了給他們練習的機會，也是讓我們多些時間可以當孩子的朋友，拉近與孩子的關係。

當孩子們爭吵時，父母該扮演何種角色？

朋友帶著孩子來我家作客，澤澤與花寶拉著新朋友到房間裡玩，房間裡笑鬧聲不斷，「還給我，這個玩具是我的！」「積木是我先拿到的。」「現在是換我，要排隊啊。」我朋友很緊張的一直往房間望去，不時跑去房門口觀望，很擔心自己的孩子做了不好的事情。偶爾，澤澤或花寶還會跑來跟我告狀：「他沒有問我就拿我的東西。」「我跟妹妹講話，她都不理我。」我只是笑笑的回應他們：「那你去跟他說，請把東西還給我。」「跟妹妹說，請妳要回答我。」就讓孩子自己去處理了。

一旁的朋友瞪大雙眼不可置信的看著我：「他們自己可以解決嗎？」我聳了聳肩回答：「當然可以，如果他們眞的沒辦法處理會再來找我，到時再跟他們說也不遲。」此時，一個響徹雲霄的哭聲打斷了我與朋友的談話，只聽到花寶哭喊：「哇～哥哥打我。」我立刻走上前了解，暫停雙方的行爲，直到我處理完爲止。

我回到客廳，朋友再次好奇的問我：「你不是都讓他們自己解決嗎？那爲什麼剛剛又介入處理呢？」我說：「因爲他們碰到線了。」朋友滿臉疑惑的問道：「什麼線？」我回答：「是否要介入孩子的線，也是當孩子的爸媽或朋友這兩種角色的切換界線。」

★父母必需在「爸媽」與「朋友」兩種角色間切換

作爲孩子的爸媽，當孩子不小心犯錯，我們會指正；當孩子沒注意，我們會提醒；

當孩子故意犯錯，我們會嚴厲以對。同時，我們也希望當孩子的朋友，當孩子有心事時，願意跟我們分享；當孩子難過時，願意跟我們訴苦；當孩子跟同學發生事情時，我們會在第一時間知道。

在孩子面前，若爸媽的角色過於嚴厲，我們會擔心孩子跟我們有距離感，長大後不願意與我們分享內心的想法；但是如果朋友的角色太過於放鬆，又擔憂孩子沒大沒小，聽不進我們的教導。「爸媽」與「朋友」這兩種角色的切換，考驗著父母的智慧。

爸媽的角色，是管教、引導與判斷是非對錯，帶點階級也帶點命令。朋友的角色，則是傾聽、分享與平等，不說教也不採取高壓強迫。父母要與孩子一起討論出這條界線的定義——讓孩子知道，什麼時候，我是你的爸媽，什麼時候，我是你的朋友的界線。

爸媽何時該介入孩子的行為？

父母要清楚的定義，當孩子在自身的健康與安全、對他人的影響與權益上，一旦碰到那條界線，我們的角色就要立即切換成孩子的爸媽，對孩子進行管教。當孩子未觸及這條線前，我們的角色則是孩子的朋友，給予他們自由。隨著孩子長大越來越懂事，這條界線再逐漸放寬，直到孩子完全不需要我們的教導，只需要我們的支持與陪伴時，就讓這條界線消失，成爲孩子眞正的朋友吧。

對我而言，孩子之間的相處，只要有安全上的疑慮，像是打人、咬人或拿玩具丟人等，就是碰到了界線，我會立刻用爸媽的嚴厲去教導孩子。「我知道你好生氣，但再怎麼生氣都不能打人或是拿玩具丟人，你這樣做對方會好痛喔！」讓孩子了解自己與他人的情緒、感受，同時也了解做出這些事情的後果。

如果沒有安全上的疑慮，孩子們只是鬥嘴、吵架或告狀等，我會以朋友的角色去關心，但不會介入當仲裁者。「好，我知道了。」「是喔，原來是這樣啊。」「我好高興你告訴我。」給予孩子正向的回應，讓孩子知道我們接受到他的訊息了。如此即可，無須介入，相信孩子可以自己處理與解決。

★拿捏好「爸媽」或是「朋友」的角色比重

雖然許多爸媽都宣稱要與孩子當朋友，凡事都會聽孩子的意見、尊重孩子、以孩子的想法爲主，但是，年紀小的孩子個性尚未成熟，依然需要爸媽的引導與教導。尊重孩子是對的，但許多事情的最後決定權還是要在爸媽手中。特別是當孩子年幼時，很多事情都仍在學習，最需要的就是父母在旁指導，此時，扮演「爸媽的角色」時間就會多一些。等孩子漸漸長大，再逐漸放寬界線，多用「朋友的角色」陪在孩子身邊，陪伴他們長大。

當孩子長大了，在學校與朋友相處的時間越來越長，漸漸的，孩子的自我意識逐漸高漲，會不斷的向爸媽要求更多的自主權，而我們多半會採用朋友的角色陪伴在孩子身邊，但一定要謹記著，爸媽不應藉由「與孩子做朋友」當成探聽孩子秘密的途徑，不要當個會想要左右孩子思想的「假朋友」，而是要當個「相信孩子」「支持孩子」以及「賞識孩子」的真朋友喔！

孩子犯錯，該不該處罰？

陪孩子學習負責

我會處罰孩子。但處罰方式要與發生的事情有關聯。讓孩子自己去承擔所做所為的責任與後果。經過每一次承擔責任與接受後果的練習，孩子下一次才會在做之前，想到可能產生的關聯，而發自內心接受提醒與停止動作。

為什麼要處罰孩子？

「澤爸，你會處罰孩子嗎？」一個朋友這樣問我。

「我先問你，爲什麼要處罰孩子呢？」我問。

「當然是要讓孩子知道他錯在哪裡。不處罰他，他每次都忘記。」朋友理所當然的回答。我們在客廳講話的同時，房間不時傳來大人的管教聲：「我剛剛跟你講幾遍了，你到底有沒有再聽我講話，好，等一下你要被我打五下，看你以後還敢不敢再犯！」伴隨著一陣陣小孩的哭喊聲：「我不要，我不要被打……」朋友看著我，面露尷尬，因爲房裡就是他的老婆跟小孩。

的確，父母處罰孩子的目的，都是爲了孩子好、要孩子記住，希望孩子往正向發展。但是很多處罰方式，卻是用打罵、威脅、恐嚇或體罰等「負面」方式加諸在孩子身上，用「負面」能量去引導孩子往「正面」方向走？我不懂這個邏輯是什麼？

★處罰，要讓孩子承擔責任

有一次，我們帶著澤澤跟花寶兩兄妹回阿公家吃飯，一群小朋友都已經吃完在客廳玩，只剩下澤澤還坐在餐桌上。我看著澤澤含著飯，眼睛卻一直盯著大家在玩什麼，不時露出傻傻的微笑，彷彿靈魂出竅般，只留下一個軀殼還坐在椅子上。我跟老婆不時在旁叮嚀：「吃飯要專心啊，想去玩就趕快吃飯！」但是只得到像機器人般制式的回應

「嗯」「好」。

突然，澤澤一個轉身，手肘頂到了放在桌緣的碗。整碗飯就像跳水選手往水中跳躍般的衝向地板，水花，喔，不，是飯菜四濺。如果我是裁判，絕對會給這碗飯很低的分數，因爲濺起的「水花」實在太大，所見之處，無一不被波及，桌上、地上、椅子上跟衣服上都是油膩膩的飯菜。

頓時空氣凝結，回魂的澤澤瞪大眼睛看著我，不知所措。我先確認掉落的碗是不銹鋼材質，沒有受傷的危險，就跟澤澤說：「走，去拿抹布，爸爸陪你把這邊擦乾淨。」

拿了抹布後，我蹲在澤澤旁邊，要求他把飯菜一點一點撿起來。澤澤哀怨的看著我說：「爸爸，我不想撿，爲什麼我一定要撿？」我嚴肅的對澤澤說：「因爲這是你打翻的，所以你要自己撿起來，爸爸可以陪你一起弄，但是不能全部幫你。」澤澤嘟著小嘴，認命的繼續撿著。接著用抹布擦乾淨，然後洗好抹布放回原位。

「肚子還餓嗎？」我問澤澤。澤澤點頭，於是我幫他盛了點飯，這次他就很專心的把飯吃光了。

若是我以前遇到這種狀況，或許也會像一般父母一樣這麼說：「你在幹什麼？就跟你說過了，吃飯要專心，你看吧。飯不要吃了，去旁邊罰站。」唸歸唸，說完還是幫孩子收拾殘局。

最好的處罰，就是讓孩子自己去承擔所作所爲的責任。

★處罰，要讓孩子接受後果

「爸爸，爸爸，哥哥拿玩具打我。」花寶在房間大叫。

「哪有，是妹妹先抓我的。」澤澤也不甘示弱的回應。

聽到兄妹倆打架，當然立刻前去了解。走進房間，花寶哭著跟我討抱抱，我抱著花寶，看著澤澤：「怎麼回事？爲什麼打架？」

「妹妹沒有問我就拿我的玩具。」澤澤委屈的說。

「然後呢？就從妹妹手上搶走喔？」

「然後妹妹就抓我臉。」澤澤點點頭，指著臉頰上的抓痕。

「妳有沒有抓哥哥臉？」我轉頭問花寶，花寶眼眶泛淚，也點點頭。

「那妹妹說你拿玩具打她，有嗎？」我又問澤澤。

「因爲她先打我啊。」

「她先打你，是她不對，那你應該要跟她講或跟我講，而不是拿玩具打妹妹。」

「來，把玩具給我。」

「爲什麼？」澤澤把玩具藏在身後，一副快哭的樣子。

「因爲你們沒有好好的一起玩這個玩具，所以我先把它收起來，等你們可以一起玩這個玩具的時候，我再還給你們。」

澤澤不甘願的把玩具交到我手上。

最好的處罰，就是讓孩子接受所作所爲的後果。

★處罰，要與發生的事情有關聯

如果我們是用打罵、體罰，這些跟發生的事情沒有關聯的方式去處罰孩子，雖然效果立見，但是孩子的乖巧與聽話，只是基於恐懼而流於表面，並非眞正的了解他爲何被處罰。然後等到父母看不到的時候又故態復萌。這是我們希望看到的嗎？而且有時候這種處罰，只是爸媽在發洩自己的情緒，對於管教一點幫助都沒有。

我們還是要用「愛」「鼓勵」「稱讚」「擁抱」與「讚美」，這些正面的能量，帶領著孩子往正向走。相信孩子一定可以做到，並陪伴孩子完成這些處罰，孩子做到了也可以適時給予稱讚，直到他們眞正理解，也眞正可以做到爲止。或許效果會有點慢，但唯有如此，才能讓孩子透過一次又一次的練習，面對自己所製造的問題，體會自己所要付出的代價，並且慢慢了解父母所說的道理，以及學會眞正的負責任。

爸爸經不碎唸

回想孩子犯錯時的情景，試問自己，面對講了好幾遍都不聽的孩子，一拿起藤條，孩子便立刻就範。請問這是因為你還是因為藤條？他的服從聽話，是因為記得自己曾犯過的錯還是只是怕被揍而已？如果孩子哪天長得比你高壯，你手中的藤條對他已經沒有威脅或約束力了，難道要等到那時候才開始跟孩子好好講嗎？

物質上的獎勵，容易讓孩子放棄？

如何獎勵孩子？

當孩子的行爲只是爲了其背後的物質目的時，其實就失去了希望孩子自動自發的意義了。

是心甘情願，還是為了「點數」？

澤澤四歲的時候，我與老婆臨時起意採用集點制度來獎勵澤澤，只要是幫忙爸爸媽媽或幫忙做家事，可以得到一點。集滿二十點，就可以得到一份禮物。當時我們是希望藉由這種獎勵方式，讓澤澤自動自發幫忙大人，但是在澤澤獲得一些點數、離點數集滿越來越近之際，我們開始覺得有些不太對勁。

有一次，澤澤吃完晚餐，很自動的把碗筷拿到水槽，並且在沒有我們的提醒下，自己把碗給洗了，正當我們要稱讚他的時候，澤澤突然說：「爸爸，我把碗洗乾淨了，可以得到點數嗎？」我愣了一下說：「嗯，可以」雖然隱約覺得怪怪的，還是給了他點數貼紙。

隔天，老婆在摺衣服時，澤澤跑過來跟媽媽說：「媽媽，我想要幫忙摺衣服。」老婆說：「好啊，謝謝你喔，那你摺你的衣服。」正當我坐在一旁看著這幅母慈子孝的畫面，感到欣慰時，澤澤拿起衣服問說：「那我摺完衣服，可以有一個點數嗎？」於是，我開始深思，孩子做這些事，是心甘情願？還是爲了點數呢？

當孩子的行爲只是爲了其背後的物質目的時，其實就失去了讓孩子自動自發的意義了。於是，我與老婆討論後決定，要停止對澤澤的集點獎勵制度。

★屬於孩子的責任，不應該用物質獎勵

「你只要乖乖坐好吃飯，就給你玩手機。」「你考試考一百分，就給你買玩具。」

「你只要幫忙洗碗，就帶你出去玩。」這些舉凡功課、學習、吃飯、做家事以及與他人相處等事情，其實都是孩子自己應該去做與學習的責任，當父母用物質獎賞這些屬於孩子自己應該要肩負的責任時，其實就已經喪失了「責任」的眞正意義了。

當我們想要把「責任」回歸到孩子身上時，我們會告訴孩子，爲什麼要這麼做以及做了之後會得到些什麼。最重要的是，**希望孩子在執行這個「責任」的過程中，找到動機、樂趣及成就感**。像是帶孩子去上足球課，主要目的是希望孩子在上課的過程中，找到喜愛踢足球的動機、與朋友玩的樂趣以及踢進球的成就感。

然而，用物質鼓勵孩子去做自己應盡的責任時，孩子眼中就會只有這個物質獎勵，而忽略了我們希望孩子去追尋的這些動機、樂趣及成就感。即使發現了，也會視而不見，因爲孩子已經被物質的吸引所蒙蔽了。最後，當得到物質獎勵（物欲）成爲孩子做任何事的動機，購買行爲成爲孩子的樂趣，享受物質成爲孩子的成就感時，帶給孩子的快樂就會稍縱即逝，而且獎勵必須一次比一次大，才能滿足孩子對物質無窮無盡的欲望。

一旦哪天沒有物質獎勵，孩子就會完全提不起興趣、缺乏動力，漸漸的，做什麼事情都沒有樂趣也沒有成就感，也較容易放棄。

讚美，是最好的獎勵

放棄集點制度後，我們試了許多方法，最後發現，其實最好的獎勵就是**「讚美孩子」**。

我不是指一些空泛的讚美喔，像是「好乖喔」「眞棒耶」「好聽話」……當我們對孩子說這些空泛的讚美時，孩子年幼時或許會感到開心，主要是感受到大人的開心，但是當孩子漸漸長大，就會對這樣空泛的讚美漸漸無感，因爲孩子其實不知道我們在讚美他什麼，像是「乖？爲什麼要乖？」「棒？哪裡棒？」「聽話？其實我沒有很聽話啊？」許多疑問及困惑，因此浮現。

★讚美句型這樣說：「具體描述」＋「內在特質」

「具體描述」是當孩子做了某件很棒的事情時，我們詳細的把其具體內容與行爲描述出來，針對我們所看到的事實闡述給孩子聽，同時讓孩子知道，其實爸爸媽媽是眞的有看在眼裡以及記在心裡。

「內在特質」與孩子的人格特質有關。我們從許多事情的成果與表面，其實看不出來像是專注、堅持、節制、善良、注重細節等人格特質。當我們從孩子在做的某些事情，看到孩子的特質時，可以在孩子面前讚美他這個內在的特質，讓孩子知道自己的優點，並且因爲這個特質而感到歡喜也更加了解自己，進而把優點發揮到極致。

澤澤很喜歡畫畫，看到喜歡的卡通，就會把卡通裡的主角畫出來，而且畫完後，都會秀給爸爸媽媽看。此時，我都會讚美澤澤：「哇～你畫得好棒喔，每個角色都畫得很像，跟卡通裡的一模一樣，甚至連小細節都有注意到耶（具體描述）。而且你畫畫的時候好認眞喔，相當專注在畫畫上，爸爸好喜歡你畫畫的樣子喔（內在特質）！」

澤澤在學校參加足球社團，但表現普普，時常踢不到球或是被高年級的同學搶球，所以有時踢得有些無力。此時，我也都會讚美並且鼓勵他：「爸爸知道你踢不到球的時候有些沮喪，不過我看到你依然很努力在場上奔跑，相當賣力的去搶球（具體描述）。你展現出那種堅持的毅力還有永不放棄的態度，是爸爸覺得最珍貴的（內在特質）。」

透過讚美孩子，把我們所看的具體細節以及孩子的內在特質闡述給孩子知道，藉以引導孩子找到動機、專注於當下的樂趣與感受突破自我的成就感，才能讓孩子找到自動自發的動力。當孩子真心熱愛某件事物時，根本不用大人催促或物質獎勵，就能做得比我們想像中好。

再小的事情，都可以找到稱讚的切入點，孩子也會經由我們的讚美與鼓勵，越做越好、越來越進步喔！

爸爸經不碎唸

當我們想要用物質當作孩子做了某些事情的獎勵時，可以採取「順道的小獎勵」。例如：在去麵包店的路上，花寶突然說好累不想自己拿背包，澤澤好心幫妹妹拿。到了麵包店，我對澤澤說：「你真的好會照顧妹妹喔，剛剛幫忙拿背包。看你這麼會幫助人，爸爸多買一個布丁給你當獎勵。」澤澤興奮的大叫一聲：「YA！」

「順道的小獎勵」要在事情發生之後再跟孩子說，而且是順著事情發展的主軸，「順便」給予的小小鼓勵。這樣會讓孩子很開心能得到這個獎勵，我們感受到孩子的喜悅也很開心，同時，也不會讓這個物質取代了澤澤主動想要照顧妹妹的心意。

大人犯錯被孩子發現，該怎麼辦？

爸媽的言行是孩子的榜樣

孩子的是非觀念正在形成，父母以身作相當重要。當爲人父母犯了錯，不找理由，不找藉口、不怪罪他人，直接坦然認錯，負起應有的責任，避免下次再犯，就是孩子最好的身教、言教與榜樣。

當大人闖紅燈時

有次我騎車載著澤澤，看看手錶，「糟糕！快遲到了。」眼看只差幾秒就可右轉成功，偏偏此時黃燈變紅燈，心想，不管了，左顧右盼一下，緩緩滑過停止線，假裝不小心越過斑馬線，再神不知鬼不覺的右轉成功。正當我要再催油門往前衝時，後方突然傳出了「正義之聲」：「喔……闖紅燈……」「爸爸，你剛剛闖紅燈喔！」

在孩子面前高高在上，似乎不會犯錯的我們，這個時候，要硬拗理由帶過呢？還是要向孩子坦承認錯呢？

★找出孩子找理由規避錯誤的背後原因

孩子：「是他先搶我東西的。」

父母：「你剛剛有打人嗎？」

父母：「你為什麼要踢弟弟？」

孩子：「我只是腳伸直而已，是他剛好在那邊。」

父母：「這東西是誰丟的？怎麼弄得亂七八糟？」

孩子：「哥哥跟姊姊也有一起丟。」

是別人先犯錯、千錯萬錯都是別人的錯、拉共犯來分攤錯誤，反正就是不願眞心承認自己有錯，這些行爲都屬於爲了躲避責任的理由與藉口。當然，事出必有因，但理由應該用來描述過程，而非拿來躲避責任。「你只要回答有還是沒有。」「爸爸看到你是有用力踢喔！」「我問的是你，你有沒有丟呢？」此時，父母一定要堅定對話的方向，讓孩子面對事情本身，而非陷入找理由搪塞或辯解推卸責任的漩渦中。

父母面對孩子犯錯的當下，除了堅持應有的態度與方法外，還要了解爲何孩子會找理由規避錯誤。除了明哲保身，或許孩子平時主要的模仿及學習對象，也是影響原因之一，特別是父母，千萬不要認爲孩子還小就忽略了這點。

當孩子的是非觀念正在形成時，父母以身作則就顯得相當重要了。

★父母的言行，孩子都看在眼裡

當澤澤說：「爸爸，你剛剛闖紅燈喔！」

「沒有，剛剛明明是黃燈。」「偶爾一次，沒關係啦。」「還不是因爲你上學要遲到了。」這些硬拗、僥倖、全是爲了孩子……等想要合理化的藉口，一一在我腦海閃過，但我後來選擇**向孩子承認自己的錯誤**。

「嗯，對，爸爸剛剛闖紅燈右轉了。」

「爸爸，紅燈停、綠燈行，你怎麼沒有停呢?!」澤澤義正詞嚴的告誡。

「沒錯，澤澤說的對，爸爸剛剛應該要停下來。爸爸做了錯誤示範，對不起，下次一定不會再犯了。」我緩緩退回剛剛超越的停止線。

此時，只見後座的澤澤露出一副「孺子可教也」的滿意神情，笑瞇瞇的看著我。

「Children see, children do」我們正在做的，孩子正在看，同時也正在模仿著。父母與任何人的相處，孩子都看在眼裡，也學得很徹底喔！

是非對錯，在孩子的世界裡其實很簡單，是我們大人把它搞複雜了。

如何與孩子講道理？

講道理要看時機

與孩子說明爲什麼不能這麼做的原因時，要謹記著，**不要只是批評孩子的行爲，更要講出雙方與他人的情緒、感受。**

與孩子講道理的四步驟

星期天午後，帶花寶到公園玩。假日的公園人超級多，連溜滑梯的樓梯都塞車，每溜一次都要花好久的時間，我深深感覺到花寶的不耐煩。心急的花寶急著想要溜下去，但前面還有年紀比較小的小朋友，我站在滑梯側邊，一直提醒花寶：「不要急，等前面的小妹妹溜下去妳再溜喔！」

突然，我看到花寶伸出手，想要把站在前面的妹妹推到旁邊，企圖要繞過她自己先溜。由於這個舉動攸關安全，大人當然要立刻介入。於是我立刻抓住花寶的手，嚴厲的說：「不能推人喔！」已經有些不高興的花寶，被我抓住手，當場大哭起來：「爸爸不要拉我啦，我要溜滑梯。」我知道花寶的情緒已經瀕臨爆發，決定對她講道理。

但是，對孩子講道理是有步驟和方法的。

★1先安撫情緒

花寶站在溜滑梯上發脾氣，用力掙脫我的手，我立刻用雙手抓住花寶，把她從溜滑梯上抱了下來，到公園的一角先安撫她的情緒。

「放開我，我要溜滑梯啦！」「爸爸，我不要你抓我。」不管花寶多麼生氣的大叫，我只是簡單的回應：「好，爸爸知道妳想去玩。」「爸爸聽到了。」當然還有那句代表**「陪伴」與「同理」的神奇咒語：「我陪你哭完」**。「我先陪妳哭完，然後跟爸爸講完話，我們再去玩。」

當孩子正處於火山爆發時，只要先安撫他的情緒即可，千萬不要試圖在此時說教，因為孩子絕對聽不進去，越要在這個時候講道哩，只會讓彼此越生氣，所以**「不要在孩子哭鬧的時候講道理」**，只要安撫就好。

★2明確告知錯誤

「爸爸，我哭完了。」

「花寶，妳知道爸爸為什麼要把妳從溜滑梯上面抱下來嗎？」確認了花寶的情緒已經平靜之後，輕輕把花寶抱在腿上，溫柔的對她說。花寶搖搖頭，我接著說：「因為妳剛剛做了一件有點危險的事情，爸爸阻止妳，但妳立刻生氣起來。」被我喚醒記憶的花寶點點頭，表示想起來剛剛發生的事情。我繼續說：「那妳知道爸爸為什麼要抓住妳的手嗎？」花寶想了想，還是搖搖頭。「因為爸爸看到妳伸出手，想要把前面的妹妹往旁邊推，自己先溜下去玩。」接著我用嚴厲的表情與語氣跟花寶說：「絕對不可以這樣推人。」

明確告知孩子的錯誤，是講道理很重要的第一步。

★3說明「為什麼不能這麼做？」

「因爲那個妹妹太慢啦，我已經等好久了。」花寶解釋。

「對啊，今天人好多喔，爸爸也覺得玩一次都要等好久喔！」我同理花寶。

「是啊，所以我不想等了啊。」花寶立刻附和。

「如果是我，每一次都要等這麼久，我也會不想等了。」我繼續理解花寶，花寶一副被認同的模樣不斷的點頭。

當孩子在解釋時，我們要用同理的方式回應孩子，才會讓他覺得我們了解他的行爲，跟他站在同一陣線，如此，才會願意向爸媽說明背後的原因。如果我們用「等好久就可以推人嗎？」「不想等就推人，爸爸是這麼教你的嗎？」這些不斷針對「推人」這個行爲來批評孩子的話，只會換來孩子「不想再說了」的沉默以及「你都不懂我」的憤怒。久而久之，孩子長大後，任何事都越來越不想對父母解釋，反正一解釋就被罵，乾脆什麼都不說了。

要如何與孩子說明「爲什麼不能這麼做」呢？首先，要**「講出雙方與他人的情緒與**

感受」。

了解花寶做出這個行爲的原因後，我緩緩的跟花寶說：「爸爸知道妳急著想要玩，等很久會生氣。」我手指溜滑梯的方向繼續說：「但是溜滑梯這麼高，如果妳把小妹妹往旁邊推，她一個不小心掉下來，可能會受傷喔。」花寶似乎也想到了這個可能的後果，微微皺著眉頭。「如果那位小妹妹受傷的話，會怎麼樣？她會好痛、會哭，她爸爸媽媽也會好難過，所以不可以這樣推人喔！」

「生氣」「難過」是情緒；「急著想玩」「好痛」是感受。跟孩子闡述事件發生的當下，與事後雙方與他人的情緒、感受，會讓孩子體會對方的心情，也會意識到自己做出這個行爲的可能後果，**讓孩子在每次事件中同理他人與尊重他人。至於孩子的錯誤行爲，只需言簡意賅用一句話帶過，無需在此糾結。**

與孩子說明「爲什麼不能這麼做」的原因時，要謹記「不要只是批評孩子的行爲，要講出雙方與他人的情緒與感受」。

★4模擬「再次遇到相同狀況該怎麼做？」

花寶了解到推人的可能後果後，看著我說：「好！我知道了。」

許多父母與孩子講道理時，通常到此為止，認為只要告訴孩子哪裡做錯以及說明為什麼不可以這麼做的原因，孩子就會懂了。是的，孩子的確知道不可以這麼做，但若下次遇到同樣的狀況時，可能還是不知道該怎麼處理。孩子不是大人，很難舉一反三，當他下次面臨同樣的事情時，依然不知所措——娃娃被搶了，還是只會用哭的；別人不借他玩具，還是只會出手打人用搶的……此時，父母就會覺得，不是跟你講過了嗎？怎麼還是這樣？

那是因為我們沒有告訴孩子「再次遇到同樣的狀況時該怎麼做？」

「那下次妳覺得應該要怎麼做呢？」於是，我繼續問花寶。

「要問她嗎？」花寶有些疑惑。

「可以，那該怎麼問呢？」

「妹妹，可不可以讓我先溜？」

「嗯，很棒喔。但如果那個妹妹年紀太小還不太會講話，或是對方說『不要』怎麼辦？」

「繼續等嗎？」

「都可以，看妳想不想等囉，但如果妳眞的好著急怎麼辦？」花寶陷入深思，我輕拍她的腿，往公園其他遊樂設施一指。

「先去玩別的遊戲啊。」花寶往我指的方向望去，突然心領神會的說。

「對啊，先去玩別的也是個選擇之一。」我點點頭說：「那下次你遇到溜滑梯塞車時，就知道該怎麼做啦。」

「知道啊，我可以問、可以等，也可以先去玩其他東西。」花寶開心的回答。

「很好，去玩吧！」花寶從我大腿上一躍而下，開心的繼續玩其他遊樂設施。

父母要在講道理的最後，提醒孩子：「下次遇到同樣的情況該怎麼做？」孩子的腦中才會有更多選擇去面對所有的狀況喔！

爸爸經不碎唸

對孩子講道理，最好要在事件發生的當下就處理，假使先記在心裡，等回家再「算帳」，其實已經沒什麼用了，因為孩子搞不好都忘啦！

夫妻教養觀念不同調，如何溝通？

給父母的三個教養準則

夫妻來自不同的家庭，從小建立的所有經驗與觀念一定會有不一致。隨著孩子的出生，兩人教養觀念的差異，更會慢慢的浮現。有的夫妻會聽命於一方，有的夫妻則是爭執不斷。

大人各自為政，小孩無所適從

「澤澤，你跑太遠了！快點回來。」

著急的老婆，大聲呼喊著，企圖把跑得老遠的澤澤叫回來。七歲的澤澤，活潑好動，每次出門，時常一個人就往前衝，甚至跑到不見蹤影。

相對於著急的老婆，我則是一派輕鬆的牽著花寶散步。

「哎呦～兒子大了，他會自己注意安全啦。」我悠悠的對老婆說。

「他有多大，也才七歲而已，如果在我們看不到的時候，發生事情怎麼辦？」老婆斜眼瞪我。

「沒這麼嚴重啦。」我滿不在乎的說。

「不要等到眞的發生了，才發現事情嚴重啊！」老婆冷冷的回我。

「不是跟你說過了嗎？在外面不可以離我們太遠，說這麼多次還亂跑。」跑回到我們身邊的澤澤，立刻被媽媽唸了一頓。

「好啦，我知道妳是擔心兒子，他知道啦！至少剛剛他遇到馬路或紅綠燈時都有停下來等我們啊。」澤澤低著頭沉默不語，我幫忙打圓場。

「這是當然的啊！不然呢？繼續往前跑嗎？」老婆不以爲然。

「兒子不會的啦！我的意思是，至少之前教他的他都有做到啊。」我繼續緩和老婆的情緒。

「但剛剛一個轉角就跑不見了，這也是很危險啊。」

「他都這麼大了，知道回來就好啦。」我還是一副無所謂的模樣。

「不行，這邊的車子這麼多，先待在我們旁邊一起走。」老婆也還是很堅持。

老婆覺得爲了安全起見，不希望小孩在路上亂跑；我則是覺得兒子夠大了，跑再遠都沒關係，只要知道回來就好。**當夫妻的教養觀念不一致時，請務必做到「統一」「一致」與「關門」這三個準則。**

★教養大原則要「統一」

夫妻來自不同的家庭，從小建立的所有經驗與觀念一定會有所不一致。隨著孩子的出生，教養觀念的差異更會慢慢浮現：該不該打孩子？孩子一天可以看多久電視？買禮物給孩子的標準……等，意見不合的地方可想而知有一籮筐，有的夫妻會聽命於一方，有的夫妻則爲此爭執不斷。

當教養觀念不一致時，第一步，請夫妻倆先溝通，「統一」教養的大原則。

即使我與老婆對於某些觀念的細節還是不一樣，但至少大原則是一致的。

花寶年紀太小，還不會注意車子，一定要牽著或是走在身邊。澤澤比較大了，懂得注意安全，所以容許他跑離我們身邊，但是遇到馬路或是紅綠燈時，一定要停下來等到我們再一起走。

只要大原則先統一，夫妻的教養方向才不會是雙頭馬車，即使有些細節不是完全一樣，也不至於偏離太遠。

★在孩子面前保持「一致」

當老婆因爲擔心而唸澤澤的時候，我會在一旁安撫雙方情緒，此時，不可以在孩子面前與另一半起爭執或衝突，更不能強行把孩子帶走，要孩子聽爸爸的就好，不要聽媽媽的。父母在孩子面前爭吵，只會讓孩子在心裡埋下「都是我不好，害爸爸媽媽吵架」的自責。強行讓孩子只聽自己的，更會讓孩子無所適從，同時讓另一半產生「反正都是聽你的啊，那我幹嘛管?!」這種放棄參與教養的挫折感。

當夫妻某一方已經在管教孩子時，另一半只要表示認同或是不要插手即可。然而，管教時難免會出現一些火氣，如何安撫另一半一觸即發的情緒就很重要了。此時，我們要提醒另一半孩子的優點，像是：「有啦，他其實知道。」「兒子昨天就做得很好啊，可能是剛剛太開心忘記了。」以及同理另一半的情緒「我了解妳在氣什麼。」「對啊，兒子眞的不應該這樣。」如此，會讓氣氛稍微緩和喔！

切勿說出讓另一半更加生氣的話，像是：「你對孩子這麼兇幹嘛?!」「你平常都不管，現在幹嘛這麼激動！」

★關起門來討論

當天晚上，等孩子睡了，我與老婆坐在客廳喝茶聊天，並溝通白天發生的事情。

「老婆，其實澤澤眞的大了，我們能盯著他到幾歲呢，既然他已經會自己注意安全，也知道要回來，就不用管這麼多啦。」

「我知道，但還是會擔心啊。」

「那妳擔心的點是什麼？」

「他跑很遠是沒有關係，我只要能看到他就還好。但是像今天，兒子一個轉彎就不見人影，我就會開始擔心。」

「喔，所以老婆是相信兒子的，只是當妳看不到的時候，因爲不知道可能發生什麼事情就會擔心起來。」

「對啊。」老婆點點頭。

「那不然，以後就以我們與兒子都可以看得到對方的距離爲標準。只要兒子到了要轉彎的地方，還是要等我們；若是在人太多的地方，有可能被人潮淹沒時，就要回到我們身邊，怎麼樣？」

「好，可以。」

「太好啦，那我明天就跟兒子說。」

當然，我們夫妻的溝通，也不是每一次都能這麼平順，難免還是會有爭執的時候。但我們會把雙方在教養細節上的歧見，留到孩子睡了或是孩子不在的時候再提出來討論。等溝通有共識後，也就是「統一」了教養原則，在經過一次又一次的調整後，夫妻面對教養議題時，就會越來越同步囉！

爸爸經不碎唸

「溝通」「溝通」「溝通」，因為很重要，所以要講三次。

溝通，不是誰聽誰的，而是要討論出雙方都能接受的，才是真正的溝通喔！

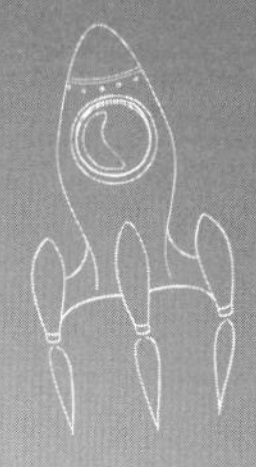

PART2
孩子漸漸長大
會面臨的各種狀況

親友之間對於孩子的比較，我該在意嗎？

發現孩子的獨特亮點

「望子成龍、望女成鳳」是每個父母對孩子的殷切期盼，希望孩子長大後可以超越自己、贏過其他人或是完成爸媽的夢想，成爲人中龍鳳。在孩子成長的過程中，「不要輸在起跑點上」這句話便會不斷在耳邊繚繞。不管是自願還是被迫，孩子從小就跟別人比較誰先會爬、誰先會講話、誰先會走路？再大一些，比較誰會說英文、哪個孩子心算超強、哪個小孩又會多背了些什麼？父母有時看到別的孩子學東學西，在大人面前獻寶，便開始擔心自己的孩子落人後，然後心中開始浮現「要不要讓孩子去學些什麼？」的疑惑。

「不要輸在起跑點上」的迷思

一場與朋友的聚會，大人們聊天，一群孩子則另開一桌玩耍嬉鬧。突然有位朋友問我：

「澤爸，你有讓澤澤去補英文嗎？」

「沒有耶！」我搖搖頭。

「不行啦，澤澤都要升小一了，一定要從小就讓孩子接觸英文。現在每個孩子都在補英文。不然，等澤澤在學校開始上英文課之後，會發現落後別人很多，同學都在用英文聊天了，只有澤澤聽不懂，反而會害怕或產生抗拒喔。」另一位朋友語重心長。

「眞的假的，沒那麼嚴重啦！」我不可置信。

「是眞的啦！而且現在補英文都是快樂學習，從玩樂中學英文喔，我女兒現在已經可以跟外國人簡單交談了。」

一問之下，朋友們的孩子眞的幾乎都在學英文，甚至有的小孩從幼稚園小班就直接就讀雙語或全美語幼兒園了。

此時的我，竟也開始小小擔憂起來，澤澤會不會「輸在起跑點上」？

★早點學，長大就會比較厲害嗎？

「兒子啊，你要不要學英文啊？」回家的路上，我問澤澤。

「我不想學。」澤澤不假思索的回我。

「爲什麼不要？剛剛聽爸爸的朋友說，學英文很好玩耶，都是在玩而已！」

「就是不想要。」兒子想一想，還是堅持不要。

「那如果班上同學的英文都比你厲害，你發現你的英文是全班最爛的怎麼辦？」我帶點威脅的口吻問。

「到時候我覺得需要的話，再去學就好啦。」

「這麼晚才學喔？」

「爸爸，那你是什麼時候開始學英文的啊？」正當我想著要怎麼說服澤澤的時候，澤澤反問我。

「嗯～大概是小學四年級吧。」

「那也沒有很早啊。」

「以前跟現在不一樣啦。以前是大家都晚學，現在每一個小朋友很早就開始學了耶。」

「那爸爸你算早學英文還是晚學？」

「嗯～應該算是早吧，爸爸的學校教得比其他學校快。」

「那你現在的英文有比較好嗎？」

「ㄟ～中間吧！沒有很好但也沒有很差。」我支支吾吾的說。

「爸爸你比別人早學英文，那爲什麼沒有比較厲害？」

「嗯……」我被澤澤問到語塞了。

學習不是跑百米，而是馬拉松

當孩子上了小學，課業上的競爭、功課、分數、排名、補習，一個又一個開始壓在孩子小小的身軀上，很多爸媽的眼中，只有「我的孩子還可以進步多少？」而不是「我的孩子已經進步多少了！」即使小孩考了九十九分，父母也會反問，怎麼不是一百分？不容許差一分的遺憾。其實，這些擔子很多是來自父母的期望與焦慮，期望孩子可以跟上社會的腳步，焦慮孩子輸了現在，最後也會輸了未來。所以，即便父母與孩子相處的時間已經越來越少了，但還是把課後與假日時間安排得滿滿的，像趕場一般。

父母在盲目與急於讓孩子超越別人之餘，是否該冷靜想想，人生是百米賽跑還是馬拉松？跑百米賽時，必須盯著短期目標，拚盡全力往前衝，若一開始落後幾乎就等於是輸了；但跑馬拉松，是個長期抗戰，必須運用自己的強項，調整呼吸與步伐，而且，一開始落後並不等於最後的成敗。

假使我們只注重眼前的比較、當下的分數或是不久之後的考試，就會讓學習變成百米賽跑一般，十八般武藝樣樣都要精通。然而，當我們把眼光放遠，讓孩子在學習的路上摸索出自己無可取代的獨特強項，進而看到孩子足以成就社會的專業能力，並且引領他發現生命中美麗的蝴蝶，孩子就能主動學習，即使在起跑點上沒有贏過別人，也能在衝破終點線時得到眾人掌聲。或許，用不著與他人比較，孩子自然而然就會在眾人之中脫穎而出了。

回頭看看自己的學生時期，少那幾分、落後那幾名、粗心那幾次，對於現在的我們而言，是不是已毫無意義？有任何嚴重的影響嗎？孩子的未來，方向對了就好，至於親友間對於孩子的比較，父母只需放寬心看待。

★回到「只希望你健康、平安、快樂」的初衷

當然，每個父母都說是為了孩子好，不過，當爸媽不斷要求孩子好還要更好時，請記得回頭想想，當年懷胎十月的時候，我們都只希望孩子「健康、平安、快樂」就好，所以，請記得這分單純的初衷，不要隨著孩子的成長便忘記了。

更重要的是，讓孩子忙碌趕場上課與補習之餘，與孩子計較、拉扯分數的同時，也別忘了親子間的相處和交流。家人間的關係永遠比分數重要；家人間的回憶永遠比排名珍貴。當孩子無法達到您的期待時，想想自己當初的小小心願——只希望孩子「健康、平安、快樂」，也就能釋懷，並且覺得很滿足、感恩與惜福了。

爸爸經不碎念

人生不是百米賽跑，每個人都有自己的馬拉松終點。學習之路也不是先到先贏，堅持跑到屬於自己、獨一無二的終點線，才是真正的贏家。放下比較，回到希望孩子快樂的原點，或許視野會更加的寬廣跟遼闊。

爸媽總是期望孩子「可以再更好」

欣賞孩子現階段的好

許多父母對於孩子的任何表現，彷彿只有「還可以再進步」的殷切期待。「你可以再更好」對孩子而言，其實就是「你現在不夠好」。這個用糖衣包裝修飾過的提示，孩子一定感受得到。

「第二名好厲害」與「為什麼不是第一名？」的差別

「爸爸，今天班上測試溜直排輪，我是第二快的耶！」我回到家，澤澤很開心的跟我分享。

「喔，不錯喔。那第一名很厲害嗎？」我順勢問了澤澤。

「對啊，他是我們班上最強的。」

「那～你覺得你要怎麼做，才可以贏過那個同學，變成第一名啊？」一心認爲澤澤一定可以成爲第一名的我忍不住問他。

「嗯……」澤澤想了一下，只回答我：「不知道耶。」

「當然是要多練習啊，如果你想要變成第一名，就要花時間去練習，爸爸都可以陪你。」彷彿是我要溜直排輪似的，滿心歡喜認爲澤澤可以更上一層樓，當我正興高采烈的計畫著父子一起去練習的時間，卻看不到澤澤有一絲喜悅。

「兒子，你怎麼啦？怎麼不太開心的樣子？」

「第二名很好啊，我現在溜直排輪覺得很開心啊。」

澤澤的話，如同當頭棒喝。面對單純喜愛直排輪的澤澤，我不斷將未來可以變成第一名的期望加諸在他身上，卻忘記在當下跟他一同享受第二名的喜悅。

★單純欣賞並稱讚孩子現在的好

「哇~你怎麼這麼棒啊!」「我就知道你可以做到。」「我的兒子眞的好厲害喔!」當孩子分享完他的喜悅之後，我們都會說些讚美的話，但是說完後就該停止，最多就是再給一個大大的擁抱。然而，我們通常都會忍不住想要立刻給孩子一些建議跟評論，好像這樣子做，才是眞正盡了父母這個角色的義務與責任。「不過，爸爸覺得你可以再更好……」「但是，你怎麼輸給某某某呢?」「如果可以再細心一點會更棒……」特別是，如果是跟成績或名次有關的事情，通常都會忍不住加些註解。

爸媽的表情、語氣跟態度，其實都透露出讚美背後的期許與遺憾，若小孩嗅到了讚美中還夾雜其他暗示，只會讓他充滿挫折。孩子想聽到的只是爸媽單純的讚美、鼓勵跟擁抱，但是得到的卻總是「你可以再更好」這種意有所指的不滿意。期許孩子更上一層樓的立意絕對是好的，但是，若立刻就用「你可以再更好」當作臨門一腳，可能會讓孩子忽略自己的優點，放大缺點，以及加深自己在爸媽心中似乎永遠不夠好的沮喪。

我們要懂得欣賞孩子現階段的好，當下給予孩子有意義的讚美與鼓勵，然後放大優

點、縮小缺點，讓孩子從爸媽正面的回應中產生自信、保有興趣和熱情、強化挑戰的動力以及探索事物的好奇心。最重要的是把那些到嘴邊的建議與評論，先吞回肚子裡。這些評論跟建議，可以留到觀察孩子每一次的練習時，再陪伴他一起慢慢修正即可，先別急著在孩子懷抱滿腔熱情向我們迎來時，澆下這桶冷水，如此一來，說不定會讓孩子以後什麼都不想說了。

★當下和孩子一起開心就好

後來，澤澤參加了北市青年盃直排輪比賽。這一次，我與澤媽沒有評論與建議，只有在比賽前給澤澤溫暖的陪伴與支持、比賽時忘情的幫澤澤加油跟吶喊、比賽後狂喜的讚美、鼓勵與擁抱。有沒有第一名，其實一點都不重要，最重要的是澤澤樂在其中，然後我們一起陪著他，沉浸在這段享受努力與流汗過後的甜美滋味。

爸爸經不碎念

當公司主管對於我們準備且努力許久的計畫書，只淡淡說了一句：「嗯～還不錯，但小陳的計畫書比你好，我覺得你還有許多再進步的空間，相信你一定可以更好，加油啊。」請問，我們當下會有被稱讚的感覺嗎？可能失落感還比較多吧。既然我們的感受是如此，孩子的感受當然也是囉。既然要稱讚孩子，單純稱讚就好。

小孩對大人態度不佳，該如何糾正？

學習「尊重」的真諦

當孩子說了會讓我們感到不舒服的話時，首先我們要先想到，自己平常是否講過類似的話：「你到底要幹嘛啦，你好煩喔！」「吵死了，可不可以閉嘴！」「你再不聽話，小心我揍你！」**當我們在盛怒之下，對著孩子脫口而出的每一句話，孩子其實都接收了，同時也學會了。**

「媽媽，妳好煩喔！」我們講過類似的話嗎？

「小君，過來把地上的拼圖收好，擋在路中間了。」正在跟澤澤玩的小君沒有回答。

「小君，請妳過來，聽到了沒有。」小君媽媽在拼圖旁邊等了一會，看小君把她的話當耳邊風，又放大音量大喊。

「喔～」似乎是感受到媽媽的嚴厲語氣，小君這次很快回應了。

「什麼喔，現在就去。」我的朋友，也就是小君的爸爸命令著。

「妳耳朵是聾了嗎？跟妳講話都裝作沒有聽到。」只見小君很不情願的拖著身子走過去，小君媽媽開始叨嘮著。

「好～好～好，我知道，我知道。」似乎是不想媽媽再繼續說下去的小君，眼睛看著旁邊回答得很敷衍。

「妳每次都這樣，說了好幾遍拼圖玩完就是要收好。」小君媽媽繼續說。

「哪有每次呀！而且我等一下還要玩啊。」小君立刻解釋。

「那請妳放在旁邊，不要放在路中間，這樣我們走路都會踩到。」

「好啦，好啦，厚～媽媽，妳好煩喔！」轉身撿起拼圖的小君，有些不耐煩。

「妳這是什麼態度！可以對媽媽這樣不尊重嗎？」朋友聽到立刻站起來大吼。

來朋友家作客的我，不小心目睹了這場衝突。其實，當爸媽因爲孩子的口無遮攔而怒火中燒時，「尊重」與「態度」這些話，對孩子一點意義都沒有，他們感受到的只是爸媽滿滿的怒氣。

到底該如何讓孩子了解，他們說出這些話時，會傷到父母的心呢？

★小孩是父母的「錄音機」

當我們聽到孩子說出不適當的話時，要先反思「孩子是從哪裡學來的」，而非急著生氣，因爲，或許孩子是學我們的喔！

所以，不管父母有多想發脾氣，對孩子說的話，都應該先經過大腦的過濾與篩選。我們不希望孩子說些不雅的話，就不要對孩子說，孩子的模仿能力很強，對於爸媽對他說過的每一句，都有可能原原本本的學起來，而且連聲調都掌握得恰到好處喔。

家，是談「情」的地方

或許我不應該介入別人家的管教，但看到爸媽與孩子三方都瀕臨火山爆發的情緒，還是忍不住起身安撫一下孩子，當起他們的潤滑劑。

我蹲在小君旁邊，指著那些公主圖案的拼圖說：

「哇～妳喜歡冰雪奇緣啊？」小君點點頭。

「這個拼圖是誰買給妳的啊？」

「是媽媽買給我的。」

「喔～是媽媽買給你的呀！媽媽對妳真的很好耶！」

「叔叔有發現，妳剛剛把一整碗義大利麵吃光光耶！所以妳喜歡吃義大利麵嗎？」

我又指著桌上的餐點。

「嗯～對啊！我最愛吃媽媽煮的義大利麵了。」

「喔～所以媽媽知道小君最喜歡吃義大利麵，特地煮給妳吃，媽媽真的好疼妳喔。」小君似乎想起媽媽對她的好，也點了點頭。

「媽媽對妳這麼好，這麼愛妳，那～可以跟媽媽說『妳好煩喔』這句話嗎？」我看小君原本不耐煩的態度有些軟化了，於是溫柔的對她曉以大義。

「不可以！」小君低著頭想了一想，再抬頭看看我說。

當孩子態度不好甚至口出惡言時，一般父母都會直覺反應：「妳講這是什麼話！」「妳說什麼？妳眞的很不乖耶！」「再說一次就去罰站！」當孩子對爸媽說出不尊重的言語時，暴怒、吼叫或處罰，只會讓孩子因爲害怕而妥協，因爲恐懼而照著父母的話做，並非打從心底眞的想這麼做，或是眞的認爲自己言行失當，這眞的是我們想要的嗎？

我一再強調，**教養一定要「先談情，再講理」**。跟孩子說我們有多愛他，先連結起親子之間無可取代的情感，如此一來劍拔弩張、僵持不下的凝結氛圍就會漸漸融化。等孩子卸下心防後，才能夠把我們說的話聽進去，才會願意反思自己的行爲，如此，比硬逼著孩子當下去道歉更有用。

請時時提醒自己，不要因爲生氣就忘記了，**家，是個談「情」的地方**。

★跟孩子談彼此的情緒與感受

接續剛剛的事件，我繼續引導小君：

「叔叔知道妳想先跟澤澤玩，媽媽叫妳收拼圖，妳可能會有點不耐煩。但是妳對媽媽說了『妳好煩喔』這句話，有點像是在嫌媽媽很囉唆的意思。媽媽這麼愛妳，我相信媽媽聽到妳這麼說一定會超級難過。」

「媽媽，對不起。」小君緩緩轉身看著媽媽，停頓了一會兒，在沒有大人的強逼之下，自己對媽媽開口。

「好啦~沒事啦。」小君媽媽不好意思的說。

「嗯~小君好棒。」小君爸爸也稱讚著。

「這樣才是一個懂得尊重大人的好孩子喔。」我也鼓勵著。

讓孩子了解「尊重」與「態度」的眞諦，其實不用批評孩子的行爲，只要講出彼此的情緒與感受就好。

我對小君說：「想先跟澤澤玩」「有點不耐煩」，讓小君知道我認同她的情緒與感受；「媽媽聽了會難過」也讓小君了解到她隨口一句話，會帶給媽媽怎樣的情緒與感受。只有描述彼此在當下的情緒與感受，才能眞正的被同理，進而搭起溝通的橋樑。父母必須讓孩子知道自己到底說錯了什麼，以及爲什麼不可以這麼說，進而了解「尊重」意義。

希望孩子懂得尊重他人，要教孩子先從尊重父母開始，否則，當孩子一不耐煩就嫌爸媽很煩、一生氣就對爸媽大吼，一不高興就轉頭不理睬爸媽，怎能期望他尊重別人呢？

爸爸經不碎唸

最後我跟小君說：「下一次妳想要先玩而不想去收拾的時候，妳應該跟媽媽說：『媽媽，我五分鐘後就會去收喔。』」別忘了，一定要教導孩子再次遇到同樣的事情時該怎麼做，否則，不知道解決方法的孩子，還是有可能會再犯喔！

孩子不想跟長輩打招呼，是我沒教好？

教孩子了解「禮貌」這回事

要讓孩子懂得「禮貌」這回事，絕對是父母的責任，但是一定要用對方法去引導，否則只會讓孩子越來越抗拒。

為什麼一定要打招呼？

某天，和澤澤在放學回家的路上，遇到對澤澤很好、與我們也很熟識的姨媽。姨媽遠遠看到澤澤，相當開心的張開雙臂，小碎步跑來：「來~姨媽抱抱。」澤澤看到先是笑著閃躲，但最後還是被環抱住，就縮了起來一直笑著想要掙脫。

「澤澤啊，姨媽好久沒看到你了耶，好想你喔！」的確，自從上小學之後，還眞的很久沒去找這位姨媽了，反而是花寶比較常見到。

「澤澤啊，要跟姨媽打招呼。」我在一旁提醒。

「是啊，姨媽好想你喔，這麼久沒看到姨媽要問聲好喔。」澤澤不作聲。老婆也急忙附和，澤澤依然不講話。

「哎呦~沒有關係，他害羞啦。」此時姨媽打了圓場。

「是啊、是啊。」我們也跟著幫腔。

「那我先走啦。」

「好，掰掰。」我跟老婆向她揮手說再見，澤澤還是完全不說話。

當孩子在長輩面前不願意打招呼時，或許大人會覺得很沒面子，擔心別人會認爲我們沒把孩子教好，其實，「禮貌」的意思是恭敬的儀容態度或言語動作，是個社會化的行爲，會隨著年紀增長、人際互動逐漸明白爲什麼要這麼做，所以小孩子其實並不懂「爲什麼我一定要打招呼」？父母必須用對引導方法，才能讓孩子願意這麼做。

★讓孩子回想長輩對他的好

走了幾步之後，我問：「兒子啊，你剛剛怎麼沒有跟姨媽打招呼啊？」

「爸爸，那為什麼一定要打招呼呢？」

「我問你，姨媽對你好不好？」我想了一下，沒有直接回答但先提問。

「有時候我們幫你在網路上買東西，東西送來，我們不在家的時候，是誰幫你領的啊？」我試著讓澤澤回想。

「是姨媽。」澤澤回答。

「平時花寶遇到姨媽，姨媽如果有給她餅乾，都會多給妹妹一個，你知道為什麼嗎？」

「姨媽要妹妹拿給我吃的。」

「你看，姨媽很多事情都會想到你，那她對你好不好？」

「好。」澤澤點點頭。

「所以囉，姨媽都會幫你領東西，有好吃的都會想到你。那～請問，你有為姨媽做些什麼事情嗎？」我看澤澤想起了姨媽對他的好，再繼續說。

「沒有。」澤澤搖搖頭。

「既然沒有，那至少可以做到，對長輩有禮貌。」

「見到長輩要『問好』，長輩對我們好的時候要說『謝謝』，跟長輩分開時要說『再見』。長輩們對你的疼愛都是發自內心的，因爲你還小，當然不能爲他們做些什麼，但是這樣有禮貌的表現也是回報長輩，讓他們開心的方式囉。」

「好，我知道了，我以後都會跟姨媽打招呼。」

父母若一直碎唸孩子「怎麼這麼沒禮貌？」或是強迫孩子「沒有爲什麼，反正就是要問好！」其實孩子還是不知道「爲什麼一定要跟長輩打招呼？」只有牽起孩子與長輩的情感連結，孩子才會心甘情願的打招呼。

★不認識的長輩也要打招呼嗎？

「爸爸，但是如果是我不認識的人也要打招呼嗎？」澤澤突然想到。

「哈～問得好。不認識的長輩，爸爸不會強迫，畢竟是爸爸認識的人，你點個頭也可以。但只要是你認識的長輩，就一定要打招呼喔。」我摸了摸澤澤的頭。

「好，沒有問題。」

爸爸經不碎唸

「禮貌」這回事，除了讓孩子了解其含義並心甘情願去實踐之外，父母以身作則也很重要。若只是口頭上要求孩子要有禮貌，但自己卻沒做到，孩子就不會把我們的叮嚀當一回事。

為什麼他有我沒有？

與孩子談「公平」

「公平」，這個最常被孩子拿來埋怨爸媽的名詞，終於，澤澤也對我用上了。

什麼是公平？

花寶準備上幼兒園了，我們一起興高采烈的在賣場挑選開學後要帶去學校的東西。買好碗、餐袋與睡袋之後，又繞去文具用品區，花寶拿起一組公主圖案的文具組問：「爸爸，我想要買這個。」我想反正遲早都會用到，就答應了，花寶開心的把文具組放進推車裡。澤澤見狀，也拿起已經盯了許久的機器人文具組問我：

「爸爸，那我可以買這個嗎？」

「家裡不是還有？」

「但是我好想要喔。」

「可以啊，等家裡的那些沒辦法用了，爸爸就買給你。」

「喔，好啦！」澤澤失望的把機器人文具組放了回去。

過了一會兒，我們又幫花寶買了新的彩色筆，哥哥看到也跟著說：「爸爸，我也要買新的。」

「好啊，等你現在正在用的用完了，爸爸一定買給你。」

「又是以後。爲什麼不是現在？」

「因爲你現在還有可以用的啊。」

「哼～爸爸，你不公平。爲什麼她有我沒有？」

「爸爸先問你，妹妹爲什麼要買這些？」

「因爲妹妹要上學了。」澤澤有些不開心，小聲說道。

「是啊！那～請問，你當初要上學的時候，爸爸媽媽有沒有買這些東西給你？」

「嗯，有！」

「所以囉～假使你眞的有需要，爸爸當然會買給你。」

「那我現在就需要啊。」

「我知道你需要，不過你可以用家裡的啊，用不著買新的。」

「不管，爸爸就是不公平！」

「那我問你，什麼是公平？」

「公平就是妹妹有的，我也要有。」澤澤理直氣壯的回答。

「剛剛妹妹有買餐袋，你怎麼沒有說你也要買？怎麼沒有說我不公平？」

「因爲我已經有啦，所以不需要！」澤澤不好意思的說。

「嗯嗯～所以囉，你說的公平，只是依照你喜不喜歡來評斷。」我挑著眉繼續說：

「喜歡，才計較是不是公平；不喜歡，根本就不會想到公不公平。這根本不是眞正的公平。」

★真正的公平，是給予孩子最需要的

看澤澤正在咀嚼消化我說的話，我摟著他說：「爸爸對你們的公平，是看你需不需要，而不是喜不喜歡。」

「你之前上學有需要買那些東西，爸爸當然買給你。現在換妹妹需要了，這是公平；你生日買你喜歡的生日禮物，輪到妹妹生日時買她喜歡的生日禮物，這是公平；你上直排輪課需要買直排輪，妹妹上畫畫課需要買蠟筆，這也是公平。不是像你說的那麼簡單，她有你也要有這樣喔。」

「爸爸知道你看到我們都在買妹妹的東西，所以你也想要，對不對？走吧，我們去看看有沒有什麼是你需要的吧！」

對待每個孩子都給一樣的東西，這種你有我也有的公平，只是表象的公平，並不是眞正的公平。因爲家的一切，很難用金錢與物質量化，如同分遺產一樣，不管怎麼做，一定會有人覺得不公平。只要心中有疙瘩、有芥蒂，即使得到再多，依然會有不公平的埋怨。公平，完全是個人的內心感受，而非可以用天平兩端去秤重的表象。

「公平」二字，不應該用金錢或數字來衡量與比較。**爸媽對孩子的公平，就是給予孩子當下最需要的愛**——孩子需要陪伴，爸媽付出關愛；孩子需要訴苦，爸媽懂得傾聽；孩子需要物質，爸媽提供幫助。唯有各自給予他們當下最喜歡、最適合以及最需要的，才是真正的公平。

爸爸經不碎念

公平與否的另一個癥結，或許在於「孩子之間不做比較」。「你功課這麼爛，可不可以學學你哥啊？」「你姊姊就是不聽話，你最乖了，不可以學她！」不管是希望孩子進步或是單純的埋怨另一個孩子，將孩子和兄弟姊妹無意的比較，很容易讓孩子產生爸媽比較愛我，或比較愛哥哥姊姊的誤解。當孩子的心中已認定爸媽對我們的愛和其他兄弟姊妹有差別時，父母的任何行為，在他們眼裡，就永遠不會出現「公平」這兩個字了。

孩子為什麼沒有說實話？

大人的反應決定孩子怎麼說

當父母面臨孩子各說各話時，不必大驚小怪幫其中一方亂貼「說謊標籤」，只要先平和的了解過程就好。

「有就要說有，沒有就說沒有！」

星期天早晨，我正在曬衣服，澤澤跟花寶在客廳玩。突然聽到兩小吵架的聲音，於是前去關心。看到花寶摸著肚子，哭得相當淒慘，指證歷歷哭訴著：「哥哥打我的肚子，好痛……」原則上，兩兄妹吵架我通常不會介入，除非是牽扯到傷害人的行爲或是兩人情緒火爆，否則都只是從旁觀察與提醒而已。澤澤氣呼呼的辯解：「我有打妹妹，但是，是妹妹先打我的。」我問花寶：「你有打哥哥嘛？」花寶愣了一、兩秒，眼神飄忽的回答：「我沒有打哥哥！」

到底有打？還是沒有？

★先了解過程，別急著給孩子貼負面標籤

依照平常的相處模式，其實爸媽早已心知肚明誰說眞的，誰說假的，不過我還是再次向花寶確定：「你有打哥哥嗎？」這次花寶依然把眼神飄向一旁迅速回話：「沒有。」此時，若得不到眞正的答案，也不必大驚小怪的亂貼「說謊標籤」在任何一個孩子身上，只要先平和的了解過程就好。

假使大人在還沒確定眞相前，就用自己的經驗或揣測，指著其中一個孩子說：「你說謊！」若冤枉了那個孩子，事情會更難收拾；就算被父母說中了，也只會讓孩子更加激烈反彈，因爲趨吉避凶乃人之天性，父母急著貼上「說謊標籤」就等於是壓著孩子的頭往危險的地方去，他能不死命抵抗嗎？

於是我對澤澤說：「好~你說妹妹有打你，但妹妹說沒打，那請哥哥先把事情的經過講一次。」

接著，我又看向花寶：「爸爸問完哥哥，就會問你，爸爸希望你們都要說眞的喔。」

我稍作停頓，帶著平和且輕鬆的語氣再次強調：「有的事情就要說有，沒有就要說沒有喔。」

大人的反應，是孩子是否誠實的關鍵

「這玩具是我先玩的，妹妹說她也要玩，我說不要，她就故意一直碰、一直碰，我已經跟她說不要再碰了，妹妹就把玩具搶走，然後我很生氣的搶回來，妹妹就打我這裡。」澤澤開始敘述事發過程。澤澤指著手臂，一臉無辜看著我。

「接著你就打妹妹的肚子？」我接著問他，澤澤點點頭。

「好，哥哥說完了，換妳說。」我問花寶。沒想到，花寶沒有開口卻突然起身要離開。我一手拉住花寶，溫柔且堅定的跟花寶說：「沒有要走喔，爸爸要聽妳說完，等哥哥跟妳的答案都一致了，妳才可以離開喔。」此時的花寶開始哭鬧，我依然堅定的說：「爸爸等妳哭完，哭完了，爸爸再聽妳說。」

父母堅守溫柔且堅定的界線，孩子就會知道在你面前是無所遁形的。

花寶幾聲啜泣後說：「我哭完了。」我安撫花寶：「好，哭完了，很棒！那換妳說發生什麼事了。」聽著快三歲的花寶吱支支吾吾的用她會的詞彙講著，到了關鍵處又停住。我接著說：「那~哥哥把玩具搶回去之後，妳就動手打哥哥了嗎？」花寶再度沉默。

此時，誰說眞話，誰說假話，已經很明顯，但是，何必去戳破呢?!**父母要做的應該是引導孩子說出正確的事情，而非硬逼著孩子去承認她沒有誠實。**至於，該怎麼引導呢？這個時候，大人的反應就很重要了，因爲**大人的反應，決定了孩子在你面前會怎麼講。**

★平和面對孩子的謊言與不安

當一開始發現兄妹倆的說詞不一致時，表示有一方可能沒有說眞話，但我的態度跟語氣，都是平和且輕鬆的。**當孩子面對兇神惡煞般的大人，只會更加確定「我一定要繼續說謊下去，不然我就慘了！」這種明哲保身的信念。所以，爸媽越希望孩子說實話，反應就要越平和**。

「花寶，爸爸只是想知道發生的事情而已，只要花寶有說眞話，絕對不會怎麼樣，馬上就可以去玩了。」我帶著笑容說。

「嗯～我有打哥哥。」花寶低著頭，思考一下，點點頭。

「好，謝謝花寶，爸爸知道了。要記得喔，有的事情就要說有，沒有的就要說沒有喔。而且要跟哥哥好好講，不可以動手打人喔。」我立刻摟著花寶的肩。同時也轉頭開導澤澤。

「妹妹打你是她不對，這是她還要學習的地方。但是下次妹妹要是打你了，你應該先跟我講，而不是打回去喔。」

「好，我知道了。」

「爸爸說完了，沒事，去玩吧。」我抱了抱澤澤與花寶。

說完，兩兄妹又一副什麼事都沒發生過的模樣，開心的一起玩了。

爸爸經不碎念

澤澤跟花寶還屬於無法掩飾事實的年紀，父母通常可以很容易就觀察出來小孩到底發生了什麼事。當孩子越來越大，特別是爭執的當下，雙方都情緒激動、各說各話且僵持不下之時，有時候連大人都難以分辨實情。所以，我們要珍惜孩子還會在我們面前毫不保留的展露出一切的負面情緒反應，此時，我們要做的是反思「孩子為什麼會這樣？」而非用「你這是什麼態度？」來訓斥孩子。找到孩子行為背後的原因，與孩子說明正確的道理，才會讓孩子在我們面前做最真實的自己。

孩子，先別急著放棄

鼓勵孩子再試試看的堅持

百貨公司正逢週年慶，人山人海，讓原本想進去逛一逛的我們，打了退堂鼓。正要離開之際，澤澤遠遠的看到專櫃那頭飄著許多漂亮的氣球，澤澤拉了拉我的手說：「爸爸，我想要拿那個氣球。」我順著澤澤指著的方向望去：「喔，好啊，我們過去拿氣球。」走到專櫃前，我想讓澤澤試著自己開口，便在他耳邊低聲的說：「來～澤澤，你自己去問問專櫃姊姊，說可不可以給我氣球。」澤澤很勇敢的上前詢問，卻事與願違，專櫃小姐表示，氣球數量有限且另有他用。我只好無奈的對失望的澤澤說：「兒子，算了吧，你試過了，這也沒辦法，我們回去吧。」

培養孩子「堅持」與「再試一試」的勇氣

走出百貨公司門口，我看到澤澤有些沮喪，心想：「我們只試了一次，就勸澤澤算了，不就是等於在教他『退縮』或『放棄』嗎？父母不是應該教孩子『堅持』或是『再試一試』的毅力與勇氣嗎？」於是我問澤澤：「兒子，你真的很想要氣球嗎？」澤澤眼神堅定向我點點頭。我說：「那我們要不要再進去試一試，再找一下別的地方有沒有氣球。不過爸爸也不敢保證一定會拿到喔。如果最後還是沒有，那我們才就眞的放棄了。」澤澤很開心的答應，於是我們又走進百貨公司。

我們在百貨公司裡繞了好幾圈，又在可能會有氣球的地方等了一陣子後，始終沒有看到。父子倆有些累了，正想要放棄的當下，澤澤開心的指著大叫：「爸爸，爸爸，我看到了，那邊有氣球！」我們興奮的跑過去，在另一個門口發現一位發送氣球的專櫃哥哥。澤澤再次向前詢問，終於拿到這顆得來不易的氣球。

因爲「堅持」或是「再試一試」的毅力與勇氣，所得到的果實，實在太甜美了。澤澤一路拿著氣球雀躍不已，我看得出來，他眞是開心極了。或許，孩子不管有沒有拿到氣球應該一下子就忘了，但是那個「堅持」的過程與「再試一試」的努力，一定會潛移默化的在孩子的內心播種，隨著年紀增長慢慢發芽與開花，甚至將這種堅持與再試一試的勇氣，未來運用在任何阻礙與難關上。

爸爸經不碎唸

如果努力了許久，還是沒有拿到氣球，為了讚賞孩子這種堅持與再試一試的毅力，不妨邀請孩子一起去吃個冰淇淋吧！

孩子這樣做，原來是在吃醋？

孩子永遠需要父母的稱讚

記得孩子的好，忘掉孩子的不好。將孩子做得好的任何一點小事放大，即使再怎麼微不足道，都值得稱讚。

當孩子問：「我也會，我也是，我也有好棒嗎？」

我記得當時三歲多的花寶，要開始練習跟尿布說掰掰，第一階段讓花寶練習睡覺的時候才包尿布，其他時候都不包。試了幾天，花寶只有一次沒有忍住，其他時候都會記得找爸爸媽媽去廁所。由於這件事對孩子來說很需要鼓勵跟讚美，所以只要花寶有一點點進步，我跟老婆都會給予大大的稱讚：「哇～花寶好棒喔，一個早上都是沒有穿尿布耶，超棒的。」「花寶好厲害喔，成功在馬桶上大號喔！」幾天下來，當我們在稱讚花寶的時候，澤澤都會默默接著說：「那我呢，有好棒嗎？」「我也都是用馬桶上廁所，有沒有很厲害？」

一開始，我們都直接回他：「不然勒，你幾歲？妹妹幾歲？」「你不是早就會了，幹嘛跟妹妹比啊。」後來發現，不僅是訓練上廁所這件事，對於其他事情，澤澤也會有一樣的反應。

當我們說：「哇～花寶會寫數字了耶，寫得好清楚喔！」澤澤立刻寫出一樣的數字問：「那我呢？有沒有很清楚？」當我們說：「哇～花寶會用手指比出八耶，很棒喔。」澤澤也會伸出手指比著：「那我呢？我也會啊！」

我跟老婆發現，原來，澤澤在吃醋了！

★讓孩子知道：「寶貝，你永遠是最棒的！」

有一次，花寶邊玩玩具邊自言自語，把數字從一到十全都唸了出來，我聽到了立刻稱讚：「花寶，你好棒喔，你會唸出一到十耶！」

「我還會唸十一到二十喔。」花寶很得意。

「眞的嗎？說給爸爸聽。」

當花寶正要開口的時候，一旁的澤澤快速的搶先唸了出來，聽到哥哥搶在自己前面唸的花寶，立刻生氣大哭起來：「爸爸，是我要說的，哥哥幹嘛先講。」

「好，好，不生氣喔，爸爸等一下會仔細聽妳講一遍喔。」我安慰花寶。澤澤似乎發現自己有點闖禍了，悶不吭聲，低頭偷瞄著我。等花寶哭完，我把澤澤叫過來，我坐在沙發上，拍了拍大腿，意指他可以坐在爸爸腿上。

「兒子啊，你是在吃醋嗎？」澤澤一靠過來，我立刻緊緊把澤澤擁在懷中，然後搔他癢說道。

「什麼是吃醋啊？」澤澤大笑著急忙把我的手推開。

「你看我跟媽媽一直在稱讚妹妹，你也希望得到我們的讚美，是嗎？」澤澤不好意思點了頭。我再次緊緊的把澤澤擁入懷中說：「兒子，爸爸希望你知道，在我跟媽媽心裡，你永遠～永遠都是最棒的！」

聽到我這麼說，澤澤笑得有些羞怯的「嗯」了一聲，我接著說：「所以不用因爲我們稱讚妹妹，你就覺得我們沒有看到你的好。」我看著澤澤說：「親愛的兒子，你放心，以後你做的任何事，即使是很小或很簡單的事，只要是很棒的事情，爸爸媽媽都會給你大大的稱讚跟擁抱，你跟妹妹都一樣！」

「好啦，別再吃你妹的醋啦！」我再次搔癢他，把他逗笑。

「好啦~我知道啦~好啦~」澤澤在一陣狂笑中，邊笑邊說。父子倆便嬉鬧成一團。

★不因為理所當然而吝於讚美

孩子漸漸長大，許多事情也慢慢有能力自己處理，可以自己洗碗、自己洗澡、自己穿衣服、自己乖乖的坐好吃飯。我們也開始認爲，這些都是理所當然的行爲而不覺得有什麼需要讚美，反而會因爲孩子沒有做好而責備，甚至因爲沒有去幫弟弟妹妹而碎唸。對孩子而言，能力越強，責任就越大嗎？此時，我們都忘記了看到孩子小時候剛學會這些事情的喜悅，也忘記孩子是需要鼓勵與稱讚，才會越來越進步。

記得孩子的好，忘掉孩子的不好。看到孩子做得好的任何一點小事情，即使再怎麼微不足道，都可以找到稱讚的點，不因理所當然而吝惜於讚美，讓孩子知道，他在我們心中永遠是最棒的，孩子才不會對弟弟妹妹們吃醋啊！

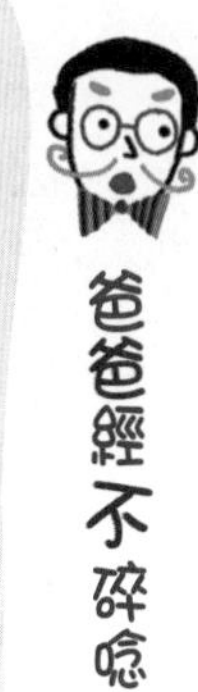

爸爸經不碎念

當孩子即使有能力自己做許多事時，偶爾還是會有想要撒嬌的時候。「爸爸幫我穿衣服。」「爸爸，我要你今天幫我洗澡。」這時，我一定會大喊：「好啊~沒問題，爸爸幫你。」珍惜孩子在我們身邊的每一段時光，被依賴一下又何妨?!

如何面對孩子莫名哭鬧不止的窘境？

陪著孩子哭，也是一種幸福

「這有什麼好哭的。」「不准哭，再哭爸爸就要處罰你囉！」「長這麼大了還哭，你看妹妹都沒哭。」當孩子在哭的時候，我們時常以大人的角度來認定這件事情該不該哭或可不可以哭。然而大人眼中的小事，或許是孩子當下心中最重要的大事，不管是一輛玩具小汽車壞了、不能吃餅乾或是玩具被搶了，即便只有一瞬間，我們都不應該以大人的觀點或為了自己的方便，輕易的用輕蔑、威嚇與嘲諷等態度去面對孩子。如此，只會讓孩子覺得「你不懂我」而產生距離感，對於親子關係一點幫助都沒有。

三步驟解決孩子沒來由的哭泣

老婆有事要出門，對著正在看電視的澤澤與花寶說：「媽媽要走囉，再見。」此時，電視看到出神的兄妹倆完全沒有發現媽媽要離開了，老婆等了三秒沒有聽到回應，便拉高一點音量又說一次：「媽媽真的要走囉。」還是沒有回應，我對老婆揮揮手，要她先出門吧。老婆關上門後不久，卡通也結束了，澤澤關掉電視伸了懶腰癱在沙發上，突然想到了什麼，大叫一聲：「媽媽！媽媽！」卻一直沒有聽到媽媽應答，便起身一邊呼喊一邊尋找著媽媽的身影，著急的跑來問我：「爸爸，媽媽勒？」

「媽媽？媽媽已經出門啦。」

「那媽媽什麼時候回來？」澤澤臉色一變。

「媽媽應該會很晚才會回來喔，所以今天是爸爸陪你們睡覺。」

「我不要，我不要媽媽不在，我不要爸爸，我要媽媽陪我睡覺！」澤澤突然抓狂大吼，甚至跑到門口，對著門外大哭：「媽媽～～媽媽～～媽媽。」

我被澤澤這突然的舉動和激動給嚇到，覺得莫名其妙，甚至暗自擔心不知情的路人或鄰居搞不好會以爲「這家的孩子被家暴了」。

★1認同孩子難過的情緒

我只是在一旁拍拍對著門外大哭的澤澤：「好，爸爸知道你想要找媽媽喔。」「澤澤找不到媽媽好難過，對不對？」此時，不用多說任何評論與建議，只要描述著孩子的情緒與感受，孩子就會覺得我們懂他，是跟他站在同一陣線的。

認同孩子難過的情緒，試著以孩子的角度去安撫，孩子才會覺得爸媽是懂他的。當我們用理解孩子的方式陪著孩子哭，孩子的情緒也會平復的比較快。

★2「我陪你哭完」

澤澤哭了好一陣子，邊啜泣邊轉過身問我：「爸爸，我想要去找媽媽。」我有些爲難的說：「嗯～爸爸知道你想要去找媽媽，但是有點困難耶。」聽到不能如他所願去找媽媽的澤澤，又再次放聲大哭了起來。我抱著澤澤，只在他耳邊說一句話：「**我陪你哭完**。」

其實，一個人可以哭，是一件相當珍貴且幸福的事情，哭的原因可能是難過、可能是生氣、也可能是不知所措，所以只好用「哭」來表達內心的感受。或許孩子的哭聲會不時的撥弄大人的情緒，也或許我們當下不知道該跟孩子說什麼，才能安撫他的情緒讓他不哭，但至少我們可以跟孩子說：「我等你哭完。」

「我陪你哭完」跟「不准再哭了」兩句話，最終都是希望孩子停止哭泣，然而意義卻大不相同。「我陪你哭完」代表你「同理」孩子有負面情緒需要宣洩，你願意「陪伴」孩子度過並且學習面對負面情緒。

而「不准再哭了」卻是告訴孩子「哭是錯的」，也是用高壓方式「脅迫孩子」，逼他壓抑情緒，反而讓他像顆持續累積能量的不定時炸彈，不知何時會大爆炸。**只有同理孩子的情緒與陪伴孩子度過每個當下的情緒，才能讓孩子的個性越來越平穩，哭鬧的次數、時間與程度也都會日益趨緩。**

★3引導孩子找到除了哭鬧以外的宣洩方法

澤澤在我的陪伴下，盡情的大哭之後，終於緩緩的收起眼淚，我問澤澤：「兒子哭完了嗎？」

「嗯～我哭完了。」

「那你可以告訴爸爸，你剛剛爲什麼這麼難過嗎？」

「因爲我好想媽媽，媽媽都沒有跟我說再見就出門了。」

「喔～難怪你哭得這麼難過。」

「那如果你是想要跟媽媽說再見的話，我們現在還有什麼方法嗎？」我希望他能自己想點辦法。

「我可以跟媽媽講電話啊。」

我們總以爲孩子哭完就沒事了，其實當孩子下次遇到相同的狀況時，依然不知道該怎麼做，就像走進了死胡同，不管走進去幾次就是繞不出來，依然只會用哭來面對。所以我們要引導孩子找到不同的方法，試著讓孩子下次再走進這死胡同時，可以找到出來的路。

澤澤先在電話裡跟媽媽撒嬌：「媽媽～妳都沒有跟我說再見。」在他跟媽媽說了掰掰之後，我接過電話，故意模仿澤澤撒嬌的音調說：「老婆～妳都沒有跟我說再見！」

上一秒還在哭的澤澤，聽到後立刻狂笑起來。

每個人難過的時候，難免會有想哭的感覺，大人如此，孩子更是，差別在於孩子還沒找到其他發洩情緒的方法而已。**請把孩子的哭泣，當作既正常又幸福的宣洩，淡定處理孩子的哭鬧，幫助孩子找到其他表達情緒的方法，就不用一直在生氣的氛圍中糾結，**家庭的氣氛也會更好喔！

爸爸經不碎唸

還記得上次哭是什麼時候嗎？還記得上次盡情的哭是什麼感覺嗎？還記得上次大哭一場是為了什麼嗎？

老實說，不記得了。只記得已經好久沒有哭到上氣不接下氣、哭到淚流滿面、哭到最後心情十分舒坦的說：「哭完了，我沒事了。」

隨著年紀增長，似乎越來越不允許自己這樣流淚，所以，看著孩子還可以這樣放心、放聲大哭，其實是一件相當幸福的事啊！

PART3
當孩子的行為與我們的想法有衝突時

什麼都回答「不要」的兩歲兒

找到方法應對孩子沒來由的拒絕

當那個原本什麼都依附著大人、全部都聽爸媽話的小寶寶，開始有了自己的意見，凡事會開始堅持自己來，也會用「不要」或大哭大鬧來拒絕爸媽的指令，如果這個時候，爸媽覺得孩子叛逆或是不聽話，其實只是以自我中心的角度來看待孩子的成長。

孩子「這也不要，那也不要」，令父母抓狂

「花寶，要洗澡囉。」我打開房門，對著正在玩積木的花寶說，花寶沒有回應繼續玩著積木，我再往前走幾步，輕聲在她耳邊說：「花寶，要洗澡囉！來，爸爸抱抱。」

「不要。」頭也沒抬的花寶，相當簡潔有力的回答我。

「是喔，妳不要洗澡喔！」其實我對於花寶這樣回答已經司空見慣，但還是裝出驚訝狀。

「嗯。」花寶繼續玩玩具，十分堅定。

「不洗澡，身體會臭臭耶！」

「我喜歡臭臭。」

「身體臭臭之後，就會癢癢耶！」

「我喜歡癢癢。」

這個時候，我知道說再多道理都沒有用，因爲花寶已經進入「這也不要，那也不要，怎樣都不要」的鬼打牆狀態。

★幼兒愛說「不要」是正常的

兩歲多的花寶，大概從一歲半開始，就相當會表達，也相當會講「不要」。以出門爲例，她對於穿衣服、襪子、鞋子，帶哪個包包、玩具，甚至連準備踏出家門的那一刻，她都可以大喊「不要！」然後就賴在地上，動也不動。假使剛好趕時間，眞的會讓大人一肚子火。

雖然氣歸氣，父母一定要有個正確的認知——這都是正常的。每個寶寶都會經過這個時期，只是程度上的差異而已。因爲，**兩歲左右的幼兒開始發現，他們可以表達自我的意見，開始發現說了「不要」這兩個字，眞的可以讓爸爸媽媽停下來，實在是太好玩了！**

輕鬆面對幼兒說「不要」的四大絕招

孩子聽話、任何事都順從爸媽，帶起來當然比較輕鬆方便。不過以長遠來看，你會希望孩子長大後有主見，還是凡事都聽他人的指揮呢？我想答案應該是前者吧。

★1調整心態

既然希望孩子長大後可以有自己的主見，爲何卻要求孩子凡事都要聽爸媽的指令呢？這樣等於是父母爲了自我的方便，而壓制孩子的自我意識萌芽，然後等到孩子更大了以後，才用依賴、懶惰、沒主見去評斷孩子，其實，或許是爸媽自己造成的喔！

所以，父母的心態一定要改變，**要以導護隊（引導者）的角色來引導孩子，而不是當警察（仲裁者）來判斷對與錯**。

我叫花寶去洗澡，其實也算是打斷她玩積木這件事情。如果以警察的角色，會覺得洗澡比玩積木來得重要，不聽爸爸的話去洗澡就是錯的。然而以導護隊的角色，會直接以孩子的角度去思考，同理孩子想要玩積木大於洗澡的心境，再想辦法引導孩子。

★2給孩子緩衝時間

同理孩子想要繼續玩的心，不過，澡還是要洗的，爸媽也不可能一直在旁邊無止境的等下去，所以，可以給孩子一個緩衝時間，讓孩子醞釀慢慢結束玩積木去洗澡的情緒，而不是突然被拉去做不想做的事。

對於有點時間概念的孩子，可以用「你再玩十分鐘，十分鐘後就要去洗澡喔。」的預告方式，給孩子緩衝時間。接著，每隔幾分鐘就提醒一次，「還有五分鐘喔。」「還有兩分鐘喔。」「最後十秒。」最後再從十數到一，倒數的同時，孩子自己就會慢慢的收心。

對於已經看得懂數字的孩子，可以指著時鐘給孩子看：「等長針走到六的時候，就要去洗澡囉。」接著也是用倒數預告的方式提醒孩子。

對於尚未有數字跟時間概念的孩子，則可以用他熟悉的音樂來取代計時：「等這首歌聽完，就要去洗澡囉。」都有相同的功效。

★3用更能引起孩子興趣的東西吸引他

「要不要去玩泡泡啊？爸爸在澡盆裡放了好多泡泡水喔！」「我跟哥哥要去玩洗澡玩具囉！」「我們快去洗澡玩魔法藥水的遊戲吧！」

用更能引起孩子興趣的東西，吸引孩子的注意力，是比催促或預告更快見效的方法。但是，爸媽要先突破自己心中執著的盲點，像是把「洗澡」這兩個字，轉換成好玩的形容詞或事情，孩子一聽到，衝進浴室的速度，會比你想像中快很多喔！

此時我們也可以對孩子說一個讓所有事情都變好玩的神奇咒語：**「我們來比賽」**。

「花寶，我們來比賽，看誰可以先到浴室。」「花寶，我們來比賽，看誰可以先光溜溜進去喔。」而且請記得別贏他喔！

★4將是非題轉換成選擇題

當孩子進入什麼都「不要」的鬼打牆狀態後，關閉起來的耳朵就聽不進大人任何的話語，有時候其實只是爲了不要而「不要」。這個時候，澤爸發現最好的方法就是，**「將是非題轉換成選擇題」**。

「要不要洗澡？」→**「你要爸爸幫你洗澡還是媽媽幫你洗澡？」**

「要出門了，趕快去穿鞋。」→**「你要穿這雙鞋還是那雙鞋？」**

「要不要去吃午餐？」→**「午餐你想要吃飯還是吃麵？」**

避免孩子不理性的什麼都回答「不要」，爸媽可以用選擇題的方式去詢問，從源頭就杜絕孩子說「不要」的可能性，並且把要孩子做的事情，用肯定的語法埋在問句裡，讓孩子順勢朝你希望的方向去做，卻依然保有他自己做抉擇的機會，也可以避免許多不必要的親子衝突喔！

爸爸經不碎念

兩歲左右的孩子會開始愛說「不要」，這其實是自我意識萌芽的開端，所以我們要用正確的心態看待孩子的「不要」。試著找到其他更好的方式引導，而非只是堅持己見與孩子硬碰硬。如此一來，既可保有孩子的自主心，又可以維持良好的親子關係。

為什麼一定要先寫功課才能看電視？

從小事讓孩子練習規畫

當孩子想要從他的生活中，得到更多主控權，應該調整的是爸媽？還是孩子？

當小孩不想先做你希望他做的事

放學回家的午後，澤澤很自動的拿起書包，翻閱聯絡簿，查看著今天有哪些功課要寫。好不容易寫完功課，便問媽媽：「媽媽，我可以看電視嗎？」

「你功課都寫完了嗎？」

「嗯，都寫完啦。」

「那昨天的訂正呢？」

「還沒。」一聽到「訂正」兩個字，彷彿已經預見最終結局的澤澤，搖搖頭沮喪的回答媽媽。

「你先訂正完再看電視吧。」

「就是一定要先訂正，就是一定要，爲什麼就是要先訂正……」有些失望的澤澤邊走到房間邊碎唸，口氣也越來越差，當然，這些聽起來無禮的話，也聽進了媽媽耳裡，媽媽也有些火氣。

其實，這也表示，孩子，想要自主的心開始萌芽了。

★反抗，是孩子自主權萌芽的開始

「兒子啊，功課都寫完啦。」我先安撫老婆的情緒，再找澤澤談。

「爸爸知道，你想要先看電視，對不對？」

「對阿，我想要先看電視。」

「不過，媽媽要你先訂正完再看電視？」

「對啊。」

「所以，你……不想聽媽媽的囉？」

澤澤點點頭。

我發現，那個依附著爸媽的孩子，已經長大了。

★讓孩子試著「詢問」與「討論」

「嗯嗯，我的兒子長大囉，想要安排自己的時間喔，爸爸覺得很棒，不過……」

澤澤聽到「不過」二字，小小驚了一下。

「不過，你剛剛明明不想接受媽媽說的方式，爲什麼要接受？感覺上你是接受了，但卻很生氣，邊走邊唸，你不高興，媽媽也會不高興啊。」

「你覺得應該要怎麼做，會比較好呢？」我繼續問。

「要……問媽媽？」澤澤壓低音量，有點不確定。

「沒錯，你可以詢問跟討論。詢問媽媽爲什麼要先訂正再看電視，了解媽媽的想法，再跟媽媽討論可不可以先看電視，看完就會立刻訂正作業。這樣總比剛剛生悶氣好吧?!」

孩子聽話、任何事都順著爸媽，當然會讓爸媽比較輕鬆與方便。不過以長遠來看，你會希望孩子長大後有主見，可以妥善的管理自己的時間呢?還是凡事都聽命於他人安排，只要爸媽一不在，生活就一團亂呢?我想答案應該是前者吧。

既然如此，當孩子想要自主的心開始萌芽時，我們其實可以開始引導孩子，讓他試著說出自己的想法，與爸媽溝通、討論。而爸媽也可以適時的調整自己的界線與底線，在適當的範圍內，給予孩子極大的自由與選擇，而非只有接受與不接受，這種一拍兩瞪眼的答案與結局。

讓孩子學習對自己負責，是父母給孩子一生受用的禮物。

「好，我知道了。」澤澤答應我。

「嗯，那下次你要記得試試看喔。不要自己生悶氣，要試著跟媽媽詢問與討論，一起找到最好的答案。」

「好。」

「所以，這一次，你要去跟媽媽討論呢?還是先訂正完再看電視呢?」

「我先訂正好了。」

★讓孩子清楚知道爸媽的界線與規矩，自己調配時間

我們都知道，先把既定的功課做完，就會無事一身輕，可以放鬆的做自己的事情，所以，也會理所當然的這樣要求孩子。但是，「先把功課做完」是被爸媽逼的？還是孩子懂得自己安排時間後的親身體驗呢？兩者心態上的差異其實很大。況且，就連大人下班後回到家，也累得暫時不想做任何事，只想翹著二郎腿坐在沙發上休息片刻，爲何孩子就一定要「先把功課做完」呢？

我後來跟老婆描述了剛剛與澤澤的對話，也不忘提醒老婆：「雖然寫作業是孩子自己的事情，但是因爲他年紀還小，我們依然有監督跟指導的責任。晚上八點半就是要準備洗澡睡覺，所以再怎麼樣，功課一定要在那個時間內寫完，**明白的讓孩子知道父母的界線與規矩，並且提醒孩子，讓他在這個範圍內自主安排寫功課的時間**。澤澤只要在我們規定好的時間內完成該做的事情，至於這段時間裡的先後順序，就用不著太堅持了。然後隨著孩子長大，我們再逐步放寬界線與規矩就好。」

爸爸經不碎唸

我每天一早進公司，一定是先吃早餐、點開網頁瀏覽新聞，雖然沒有在第一時間就先辦公，但報告一定會準時繳出。所以，早做晚做遲早會做，中間的順序就讓孩子自己決定吧！

孩子只要吃糖果不要吃飯

使用正面肯定句，讓孩子欣然接受

使用行動或言語的高壓強逼，或許可以迫使對方快速就範，但也會留下裂痕。溫柔的堅持與正向的語言，或許需要較久的時間才能達成目的，但親子之間的情感連結卻越來越牢不可破。

溫柔而堅定的面對孩子的無理要求

老婆煮好飯菜，熱騰騰的端上桌，同時喊著：「來囉，可以吃飯囉。」我督促著兩小趕緊把玩具收一收，與澤澤比賽著看誰先到餐桌旁坐好。「哇，看起來超好吃的耶！」盛好飯，正想要大快朵頤，發現三歲的花寶突然坐到我身旁。我疑惑的問她：「怎麼啦？去坐好吃飯啊。」此時，花寶用她天使般的純眞笑容看著我，拿著糖果問我：「爸爸，我可以吃糖嗎？」我也笑笑回答：「爲什麼要吃糖果？現在要吃飯啊！」花寶一聽到我的回答後，原本笑盈盈的臉龐，立刻垮了下去，扁起小嘴，當場哭了起來：「我不要吃飯，我只要吃糖果。哇哇哇哇哇哇……」

★父母規範一致，共同遵守原則

先不論因爲我是成人，知道正餐比零食有營養，不然，其實我也覺得零食比正餐好吃，更何況是孩子。同理孩子當下想要吃糖果而不想吃飯的心固然重要，但是，孩子就是個還沒成熟的人，需要爸媽的教導與引導，家中規範也就由此產生。無論你們規定孩子完全不可以吃糖果、一天可以吃幾顆糖果，或是只有某個時間才可以吃糖果……請爸爸媽媽一起討論，規範一致，共同堅持原則。當然，以身作則也很重要，我們絕對不能邊吃糖果邊跟孩子說：「你不可以吃。」那只會讓孩子更加不服從：「爲什麼爸爸媽媽可以，我就不行？」難道，你要回答孩子：「因爲我是大人」這種完全不能信服於人的答案嗎？

「現在沒有糖果喔！因爲我們要吃飯啊。」我板著臉。

「爲什麼不能吃？我想要吃糖果。」花寶還是大哭。

「我知道妳想要吃糖果，但是現在就是沒有喔。」

「那我不要吃飯。」

「妳可以不吃飯啊，但是沒吃飯就沒有糖果喔。」

此時，**「溫柔的堅持」是與孩子講清楚規範的最好方法**。

用正面肯定句以退為進

有時候，只要對花寶堅持著我的規範，她就會越來越清楚知道爸爸媽媽的界線，然後乖乖遵守。但偶爾還是會繼續哭鬧。這次，或許是因爲下午沒睡午覺，情緒有些不穩，在我「溫柔的堅持」之下，花寶依然故我大聲哭鬧：「我不要吃飯，我就是要吃糖果！」當這種不可理喻的哭鬧無限蔓延時，除了神奇咒語「我陪妳哭完」之外，還有一招，就是**「使用正面肯定句，不說負面否定句」**。

負面否定句如：「不可以，沒有吃飯吃什麼糖果。」「沒有，你剛剛吃過了，不能再吃了。」都是以拒絕的方式爲開頭。而像是：「當然可以吃糖果，不過要吃完飯才能吃。」「好啊，但是今天已經吃過了，明天就可以吃囉。」則是用正面肯定句來回應。

使用正面肯定句，不給否定詞句的意思，就是在爸媽的規範內，給予孩子有限制的同意。因爲當孩子聽到「不行、不能、不可以」等否定詞時，會感到「失去」；而聽到正向肯定詞句「好啊、可以、沒有問題」時，則會覺得他是可以擁有這顆糖果的。然後再用「不過、但是」把規範講在後頭。這一招除了可以快速的平穩孩子激動的情緒之外，也可以更有效的與孩子進行溝通。

「給予正面肯定句，不說負面否定詞句」永遠是面對鬧情緒的孩子，最好的回答方式。

★切勿強奪孩子手中的糖果（主控權）

當花寶哭鬧著：「我不要吃飯，我就是要吃糖果！」時，我並沒有強奪孩子手中的糖果。當我感受到花寶似乎接受了我的引導，就摸摸她的頭說：「那我們先吃飯吧。」花寶緊握著那顆糖果，有點捨不得，依然不肯移動她的腳步。我伸出手說：「來，把糖果給我吧，吃完飯再吃。」花寶微微皺著眉，搖搖頭說：「我不要。」此時，如果我強行拿走或是大聲逼迫她把糖果交給我，一定會引發更大的衝突導致兩敗俱傷，也等於做了不良示範。

我對花寶說：「那妳先保管糖果，放在口袋裡，等吃完飯再拿出來。」看著花寶正在猶豫，我又問：「或是我們把糖果放在碗旁邊，讓糖果陪你吃飯，好不好？」此時，花寶露出微笑說：「好。」然後就蹦蹦跳跳的坐回到自己的位置，把糖果放在碗邊乖乖吃飯了。

「你還沒有吃飯，不可以吃糖果。」→「可以啊，吃完飯再吃。」

「你已經有了，沒有買玩具。」→「可以啊，生日的時候買給你。」

「要回家了，不要再玩了。」→「可以啊，再玩五分鐘就回家囉。」

一樣的意思，用不同的方式講卻有不同的感受。「給予正面肯定句」真的很好玩喔，會讓孩子開心的接受，而非哭鬧的反抗，請大家一定要試試看喔！

你給孩子貼了什麼標籤？

負面批評的影響

我們生活中，有多少「極度主觀」的想法，投射在自己的孩子跟他人身上。我們常把這些「自我早已認定，但其實尚未發生的事情」，包裝成「關心與建議」，然後幫每個人貼上標籤，特別是「負面標籤」：像是「壞學生」「喜歡生氣」「愛說謊」「愛打架」「放牛班」……等。

當出於好玩或個性使然的玩笑，變成如影隨形的標籤

花寶在房間裡玩，我從客廳經過，眼前突然出現一個在地上爬行、扭動，像極了軍

人在過天堂路般匍匐前進的莫名生物，若他不是我兒子，我會以爲他受過專業的忍者刺客訓練。澤澤壓低身子緩緩接近房門口，再沿著門邊起身，縮著肚子，努力憋笑，不敢發出一點呼吸聲，眼睛瞇成一直線。澤澤看到我，「噓」了一聲，要我保持安靜，我好奇的在一旁觀望。

花寶從房門走出來，並沒有看到縮在門邊的澤澤，當花寶走過他的身邊，澤澤躡手躡腳的跟在她身後，就在花寶準備回頭的那一刻，澤澤突然在花寶的耳邊「哇」的大叫一聲，被嚇到的花寶大哭了起來，澤澤在一旁哈哈大笑。

「爸爸，哥哥嚇我。」花寶哭著跑到我身邊。

「我都看到了，爸爸知道妳被哥哥嚇到了，那妳要跟哥哥說妳不喜歡他嚇妳喔。」

我揮了揮手叫澤澤過來。

「哥哥，我不喜歡你嚇我。」花寶哭著對哥哥說。

「好。」澤澤邊笑邊回答，一副不在意的樣子。

我看澤澤依然嘻皮笑臉不以爲意，有點不高興，於是板起臉孔，嚴肅的跟澤澤說：

「你怎麼會這麼調皮啊，嚇妹妹一點都不好玩。不可以再這樣，也不可以欺負妹妹，知道嗎？」說完便轉頭安慰花寶。

「乖～不哭了，男生就是這麼調皮又愛鬧人，不要理他喔！」

後來，老婆淡淡的跟我說：「我記得你有跟我說過，不要亂給孩子貼標籤，特別是負面標籤。那你剛剛怎麼自己幫兒子貼了一堆標籤啊？」

老婆的當頭棒喝，立刻把我給敲醒。「調皮」「愛鬧人」和「欺負妹妹」就是我剛剛貼在兒子身上的標籤。

★標籤貼久了，就撕不下來了！

父母常常犯一個毛病，會針對孩子的所作行爲加以批評，並且認爲這是對他好的建議。例如：「你怎麼會這麼調皮啊?!」「你怎麼都不聽媽媽的話?!」「你這個孩子寫功課就是不專心！」其實，父母說這些話的本意，都是希望孩子可以乖一點、聽話一點、專心一點，但卻用責備和批判的方式表達，也就是在孩子身上貼了「負面標籤」。

很多時候，孩子只是出於好玩或者天生個性使然，但是被貼上這些「負面標籤」之後，反而會強化這些負面行爲，這就是「標籤理論」。意即，每個人多多少少都會做出不好的行爲，但這些行爲未必會對他人造成嚴重的影響。不過，若大眾因爲這個行爲，將其貼上某個「負面標籤」，這個標籤所形成的心理壓力，最後會反過來影響這個人的自我認同，驅使他做出符合標籤的行爲，使這樣的行爲愈演愈烈。

就如同上述兄妹發生的事情，原本只是一時好玩的澤澤，被我貼上了「調皮」「欺負妹妹」的負面標籤。若類似的情況反覆發生，澤澤也一再被我貼上這些負面標籤，就會讓孩子漸漸開始自我懷疑「我好像有點調皮」「我似乎很愛欺負妹妹」，然後再將這個懷疑，轉化成自我認同「我就是調皮」「我就是愛欺負妹妹」，結果，他就眞的變成這樣的人了。

撕下負面標籤，改貼「正面標籤」

其實我們應該要做的，是在言行舉止中幫孩子貼上「正面標籤」。很多行爲都是一體兩面，我們可以選擇正面的方式跟孩子溝通，進而引導孩子。

經由老婆提醒，往後我對澤澤的言行都會多加注意。即使澤澤只是不經意的小動作，只要是好的行為表現，我都會稱讚，並且立刻幫他貼上「好哥哥」的「正面標籤」。

當澤澤幫花寶拿東西，我會稱讚澤澤：「你眞是個會幫妹妹的好哥哥。」當澤澤保護妹妹過馬路，我會稱讚澤澤：「你好棒喔，會保護妹妹耶！」當澤澤分享東西給妹妹，我會稱讚澤澤：「你好大方喔，都願意分享東西給妹妹。」**讓這些「正面標籤」變成孩子的自我認同，並驅使他做出符合「好哥哥」的行為**，這也表示我們對孩子的信任，讓他保有天生氣質的同時，而不被「負面標籤」影響，並且逐漸往好的方向前進。

★相信孩子，正面鼓勵，孩子就真的會做到

這件事發生之後的某天，澤澤與花寶沒睡午覺，傍晚時分，花寶有些累了，躺在沙發上睡著了。正在打電腦的我沒注意到，反而是澤澤發現了。正在玩玩具的澤澤突然站起來，將椅子搬到沙發旁，擋在花寶前面。原來，澤澤是擔心睡著的花寶會從沙發上掉下來，於是搬了一張小椅子保護妹妹。我看了好感動，澤澤沒有我們的提醒，自動自發做出好哥哥的行為，實在是太棒了！當下當然要再次大力的讚揚他一番。

相信孩子，只要我們時常給孩子正面的稱讚與鼓勵，孩子就眞的會做到喔！

爸爸經不碎唸

在外人面前給孩子貼上正面標籤，更有大大的加分效果。因為這會讓孩子產生「爸爸在外人面前都這麼說我，那我真的就是這樣呢！」的榮譽感。另外，幫孩子貼正面標籤，一定要真有其事，否則，沒來由的亂貼，孩子也一定會發現，然後再也不相信爸媽的讚美了。

為什麼總是喊不動？

讓孩子學會自我管理

面對孩子喊不動的狀況，我們要先了解每個孩子的發展以及個性，再看孩子的行爲是否是「故意」的，先排除生理上的問題或疾病。有些孩子的專注力只限於眼前的事物，越小的孩子越是如此，所以，有時候孩子不是故意不理爸媽，而是因爲太專心玩玩具，眞的沒有聽到大人的聲音。要如何判別孩子是故意不理還是身心問題所致呢？當父母離孩子有一段距離叫喊，而孩子沒反應時，只要走上前去蹲在孩子身邊，或是拍拍他的肩膀，正常情況下，孩子一定會發現爸媽正在叫他們。

停止碎唸，讓孩子學習對自己負責

「澤澤，把畫畫的東西收拾好。」我經過客廳，看到地上彩色筆跟畫紙散落一地。過了一段時間後，回到客廳，剛剛叫澤澤要收好的畫圖用具依然在地上，甚至還多了火車軌道。有些火大的我，對著沒收拾東西又跑去玩鋼琴的澤澤唸著：「澤澤，你有聽我講話嗎？立刻把畫畫的東西還有火車軌道收好。」澤澤依然在彈琴不爲所動。

此時的我當然更加生氣，拉高音量：「澤澤，你有沒有在聽我講話？」彷彿現在才注意到我說話的澤澤，一副狀況外的神情問：「什麼事？」

「什麼事？你說什麼事？我一直說要收拾玩具，你有去做嗎？沒有！所以你根本沒有在聽我講話！」一臉無辜的澤澤，不發一語看著相當生氣的我。

此時，我突然想起，應該要停止碎唸，讓孩子學習對自己負責，於是試著先緩和自己的情緒，再處理孩子怎麼喊都喊不動的狀況。

★避免越唸越生氣！只要偶爾提醒就好

待我情緒緩和後，坐到澤澤旁邊說：「兒子啊，你剛剛有聽到我在跟你說什麼嗎？」澤澤搖搖頭，我採用相信孩子的方式，不主觀責怪孩子的行為是「故意」的。我說：「好，沒有關係！那爸爸再說一次喔，我希望你把地上的畫畫用具還有火車軌道收拾好。」澤澤點點頭答應。

當父母要孩子去做的這件事情，是屬於孩子的責任時，不斷碎唸只會讓自己抓狂，讓孩子不耐。而且當孩子越大，爸媽的碎唸，只會讓孩子當作「不被信任」的感受。父母必須忍住碎唸，只對孩子做出偶爾的提醒即可。

假使澤澤剛剛才答應我要收拾玩具，但一個轉身又繼續彈著他的鋼琴。我心想：「這小子，已經講成這樣了，居然還是沒有立刻去做，是在敷衍我嗎？」心中的怒氣還是會油然而生，但我忍住了碎唸。即使覺得地上的畫筆與火車玩具相當礙眼，還是要忍住，只做適時的提醒：「別忘囉，晚上睡覺前要收好喔。」「爸爸最後一次提醒囉，要記得收喔。」**同樣一件事情最多提醒三次，而且每次都會隔一段時間**。

★何時動作由孩子決定，只要有做到就好

孩子有時候經由我們的提醒會動手去做，當然也有不會立即行動的時候。父母在提醒之後，多半都會覺得孩子應該就要立即執行爸媽交代的任務，因爲這是爸媽覺得重要的事情一定要先做，所以，只要孩子沒有立刻照做，就是不聽話。

何謂重要的事情？有沒有標準？還是完全以爸媽的角度來判斷事情重不重要呢？其實孩子多半都知道這是該做的，也打算等一下就要做了，只是他目前比較想先做當下正在做的事罷了。孩子不是不聽話，也不是不想做，而是對於「重要的事」的認定，和父母不一樣而已。

父母在提醒過程中，即使孩子沒有立刻照辦也沒關係。**何時開始動作由孩子決定，只要在我們給予的期限內做到就好。**

讓孩子接受後果，就會真正記得

「晚上睡覺前要收好喔。」是我給澤澤的最後期限。眼看睡覺時間一分一秒逼近，畫筆與玩具依然散落一地。我不動聲色，只在一旁觀察，絕不因爲嫌孩子動作太慢就乾脆自己動手收拾。畢竟，**讓孩子學習對自己負責，是爸媽給孩子終生受用的禮物**。孩子自己玩的東西，用完物歸原位，本來就是他應盡的責任。假使都由爸媽代勞，也會養成孩子凡事留給爸媽收尾的壞習慣和依賴，甚至理所當然認爲「我丟爸媽撿」。想培養孩子的責任感，就要從不主動幫忙開始。

我帶著花寶進浴室洗澡，澤澤也跟來。

「你現在是要來洗澡？」

「對啊，我要洗澡。」

「那～地上的畫筆跟玩具收好了嗎？」

「嗯～還沒有。」

「你是要先去收拾再來洗呢？還是洗好澡再去收拾？」

「我要先洗澡。」

「好，你先進來洗。不過，洗完澡一定要去收喔。」再次提醒澤澤最後期限，並說明可能會有的後果：「但是，如果你收拾太慢，過了睡覺期間，就沒有講故事書囉！」

由於我們睡覺前有講故事書的習慣，所以我除了最後一次提醒澤澤之外，同時也告訴他把事情拖到最後甚至不做的後果會是什麼，然後堅定的讓孩子接受後果。

「爸爸，我收拾好了，來講故事吧。」洗完澡後，澤澤蹦蹦跳跳的跑進房間。

我看了看時鐘，剛好過了我給他的期限五分鐘。我搖搖頭對澤澤說：「沒辦法囉，時間已經過了，今天沒有講故事，關燈睡覺吧！」

澤澤有些不高興：「不要，我已經收拾好啦，我要聽故事！」

我堅定的回答：「爸爸很早就已經提醒過你要收拾了，是你一直沒有去做，才會弄到這麼晚。而且洗澡時我也跟你說了，過了睡覺時間就是直接關燈睡覺。下次請你早點收拾，這樣就可以聽到故事啦！」不管澤澤再怎麼吵，我不講就是不講，堅持關燈直到澤澤接受爲止。

當孩子怎麼喊都喊不動時，其實無需碎唸，只要堅持讓孩子接受後果，孩子就會眞

正記得。

★當孩子只提醒一次就去做，別忘了稱讚

幾天後，類似的事情又再度上演。雖然澤澤依然沒有立刻去做，但也沒有拖到最後一刻，而是經過一次提醒之後，沒多久就起身收拾了。我立刻給予稱讚：「哇～澤澤好棒喔，爸爸只提醒一次，你就做到了耶！而且還收拾得相當整齊喔！」

當孩子的行為比上次更進步時，即使微不足道，也別忘了給孩子稱讚喔！

爸爸經不碎唸

當你坐在辦公室，主管不斷的在身後走來走去，甚至不停碎唸：「你桌子這麼亂怎麼做事呢？」「水杯放旁邊一點，弄到電腦怎麼辦？」「文件夾要歸類啊！」「明天要交的東西記得做！」「剛剛說的計畫案做了沒？」此時你應該會忍不住大翻白眼，在心中吶喊：「煩死了！你是有完沒完？」

同理，當我們也用同樣的態度碎唸孩子時，孩子心中的O.S一定也是一樣，只是不敢說出口罷了。

爸爸，我可以玩手機嗎？

讓親子互動比3C還好玩

當孩子找不到事情做，喊著「我好無聊」的時候，第一時間往往會尋求爸媽的協助。如果此時爸媽正在忙或是也不知道要跟孩子做些什麼，孩子一哭鬧，讓3C保母登場一定是又快又有效的方法。不管是在家裡看電視還是在外面玩手機，都可以讓爸媽享受一段長時間不受打擾的清靜，但是，隨著玩3C的頻率越來越頻繁，之後孩子只會要求每次玩的時間越來越久。

當3C保母介入我們的親子關係

某日，和許久不見的同學們聚會，一見面彷彿回到學生時代，搭肩寒暄、耍冷互虧，聊著未來的雄心壯志，聊著當年的無聊幼稚。只是每當講到興高采烈之際，一定會被打斷，「爸爸，我想畫畫。」「爸爸，我要上廁所。」朋友們大都已經結婚生子，與同學聚會，理所當然帶著孩子一同出席，所以在聊天的同時，也要處理孩子的瑣事。

此時，一位單獨帶著四歲兒子出席的同學坐在我旁邊，當我們正聊得起勁，四歲的兒子拉了拉他的衣角說：「爸爸，我好無聊喔。」

「那你去找其他小朋友玩。」我同學指著旁邊一群孩子。

「不要，我都不認識。」孩子搖搖頭。

「一起玩就認識了啊。」

「我不敢。」

「去試試看啊。」

「不要啦。爸爸，我可以玩手機嗎？」

「幹嘛要玩手機？你自己找事情做啊。」

「我不要，好無聊喔，我要玩手機啦！」接著放聲大哭了起來：「我要玩手機！我要玩手機！」

當孩子在眾人面前大聲哭鬧時，的確令父母有些尷尬，面子也掛不住。此時，就看到我同學拿出手機給他。孩子一接過去之後，立刻停止哭聲，相當熟練的滑了起來，頓時安靜下來。終於，我同學又可以專心的加入聊天了。

父母常使用3C保母來照顧孩子的原因，不外乎是不知道讓孩子玩什麼，以及自己帶頭使用3C產品。

「爸爸，陪我一起玩。」當孩子玩著積木，想要找爸爸一起玩時，卻看到爸爸相當專注滑著手機，沒有得到爸爸回應的孩子再次大喊：「爸爸，陪我一起玩啦！」爸爸仍舊盯著手機，明顯用敷衍的語氣回應：「好，好，等一下。」結果這一等又是好久。好奇的孩子心想：「爸爸到底在幹嘛？手機眞有這麼好玩嗎?!玩到都不理我。」於是放下積木起身往爸爸旁邊靠過去，也被手機螢幕吸引，甚至也開始滑了起來。當孩子看到爸媽手不離機時，怎麼可能不被吸引呢？

父母不能無節制的隨性與放任，或是一味禁止與處罰孩子使用手機，而是要以身作則，與孩子一同遠離3C產品，才能擁有良好的親子生活。

★規定孩子的使用時間

「爸爸，好無聊喔。我可以玩手機嗎？」每當澤澤這樣我，我都會立刻反問：「那你今天看過電視或玩過手機了嗎？」澤澤想一想：「今天都還沒有喔！」我才會掏出手機，跟澤澤說：「好，那你玩十分鐘。十分鐘一到就要立刻還給我喔！」澤澤很開心的說：「好。」但在這十分鐘裡，我並非就不管澤澤，而是隨時看看他在玩什麼，然後在時間快到的時候提醒：「澤澤，再兩分鐘喔。」「再一分鐘就要把手機還給我囉！」「好，時間到，請把爸爸的手機拿來。」澤澤依然專心玩著：「再等一下，快好了。」我便會用嚴厲的語氣說：「沒有，時間到了，請現在還給我。」澤澤通常會著急的說：「好，好，等一下。」於是，我伸出手抓住手機，但並非搶走：「十分鐘到了。請把手放開。」此時澤澤緩緩鬆開手，我則神色自若的把手機收起來。

現在的孩子，幾乎到了國小高年級或是國中，便可以擁有自己的手機。既然我們不可能做到全面杜絕3C產品出現在家中，那麼，使用3C產品的規範，例如：孩子是否可以看電視、是否可以玩手機，可以使用多久，都一定要以是否影響孩子的身心健康爲基準訂出規範。越小的孩子越要避免使用3C產品，無論是電視還是手機都要盡量避免接觸，當孩子長大了，夫妻倆更需要一起討論出孩子可以使用3C產品的時間與頻率。

我們家是規定澤澤與花寶一天可以看兩次電視，每次大概二十～三十分鐘，而且兩次之間相隔數小時以上，寧願分段看也不要一次看很久。手機則是一天只能玩一次，每次以十分鐘爲限。其規定主要是與視力有關，因爲看的螢幕越小以及越靠近螢幕，越容易近視，孩子的視力問題也是爸媽不可忽視的。

★找出比3C產品更好玩的親子互動

「爸爸，好無聊喔。我可以玩手機嗎？」

「那你今天看過電視或玩過手機了嗎？」

「有。我看過電視了。」

「喔喔，那就不行啦。」我兩手一攤。

「爸爸，拜託拜託，我想要玩手機啦。」

「規矩就是規矩，今天沒有了。」

「我不要！爲什麼都是爸爸規定？」

「不要玩手機啦，我們來玩桌遊好不好？」我看澤澤有些情緒了，繼續與澤澤硬碰硬只會產生衝突，於是換個方式吸引他的注意。

「我不要。」

「上次爸爸輸給你，爸爸這次一定要贏回來。」從櫃子裡拿出桌遊。

「不可能，我一定會贏爸爸。」澤澤偷瞄了桌遊一眼，嘟著嘴。

「眞的嗎？來試試看呀。」

澤澤轉過身一副要開戰的模樣。看來已經將他的注意力成功轉移到桌遊上了。

電視卡通和手機遊戲雖然新鮮刺激，但最能夠帶給孩子快樂的事情，還是與他人產生「互動」。無論是在家玩桌遊、一起做家事；在外郊遊野餐、一起做運動……等。不一定要玩遊戲，只要是與家人和朋友一起做的活動，都能增進彼此的關係，對孩子而言，也一定比一個人拿著手機或看電視有趣。

別把孩子的「無聊」攬在自己身上

當我們眞的有事情無法陪伴孩子的時候，可以提供選項給喊著「無聊」的孩子。「你無聊喔！可以畫畫啊。」然後遞給孩子圖畫紙與畫筆。「還是你要看書？玩樂高？」假使孩子都說不要，甚至說出：「我現在只想玩手機。」也都要堅守規範，不行就是不行，因爲，「無聊」是孩子的事情，不是我們的事。父母需要做的是引導孩子，投入他喜歡且熱愛的事情，幫助孩子從中獲得樂趣，找到投入後的成就感與發自內心的快樂，藉此遠離3C產品，而非把孩子的無聊攬在自己身上。

★陪伴孩子篩選內容

網路與電視無遠弗屆，我們很難控制孩子在其中接受到什麼樣的資訊，所以，當孩子使用3C產品的時候，父母要陪在旁邊或是要求孩子在我們看得到的地方，特別是孩子還小的時候。了解孩子正在玩的遊戲以及看的內容，幫孩子篩選，過濾不適合孩子接收的訊息。

★父母以身作則，避免手不離機

「爲什麼爸爸媽媽可以一直用手機，我就不行？」當爸媽不准孩子玩，自己卻一直猛盯著手機時，孩子心中一定會出現這樣的疑惑。像這樣言行不一，實在很難說服孩子，不如就放下3C產品，以身作則。等孩子不在或是睡著之後，再來滑手機或看電視吧。如果爸媽是因爲工作上的事情必須要用手機或電腦，只要好好跟孩子解釋，給孩子看螢幕畫面，爸爸在做的是公事而非遊戲，並評估需要多久時間就可以來陪孩子，孩子也一定會理解的。

爸爸經不碎唸

孩子對於3C產品的依賴，既治標又治本的方式，就是陪著孩子找到比3C產品更好玩、更有興趣以及更能有成就感的事情。當孩子找到能樂在其中的事情時，無需我們監控或制止，也會自行做出自我管理的行為。

準備出門時，孩子總是拖拖拉拉

用對方法，快樂出門

孩子的專注力通常只限於眼前的事物，其實孩子並不了解大人為何要催促他們。出門通常是因為大人之間的約定，與孩子無關。就孩子的立場而言，最重要的是當下的玩樂，我們的催促其實只是在強逼孩子停止他正在做的事情，做我們要他做的事而已。所以孩子會抗拒或拖延都是正常的。

這樣做，讓拖拖拉拉的孩子心甘情願出門

某日，我們趕著赴朋友的約，眼看就快要遲到了，趕緊抓起外套催促花寶：「花

寶，我們要出門，把玩具收起來了。」「已經來不及囉，快點穿襪子。」「怎麼還在玩呢？鞋子怎麼還沒穿啊？」看看手錶，心急如焚，但花寶卻一動也不動，繼續玩著玩具，頓時感覺心中一把怒火被點燃了。

老婆拿著襪子，蹲在花寶旁邊說：「花寶，爸爸已經準備好要走囉，回來再玩，先來穿襪子。」

「不要，我還要玩。」

老婆一手把花寶的右腳抓過來，準備強行把襪子穿上，花寶用力把腳縮回來，還很兇的說：「我就是不要！」

站在門口且全程看在眼裡的我，早已滿腹怒火，大聲一吼：「我們已經快要遲到了，妳到底要不要出門呀，拖拖拉拉的是在幹什麼啊？」

花寶聽到我的吼聲先是愣了一下，隨後便大哭起來。

我吼完便立刻後悔了，一時情緒急躁的我，或許有更好的處理方式，來面對孩子出門時拖拖拉拉的情況。

★1讓孩子理解出門與他的關聯

我冷靜想想，其實孩子並不了解我們為何要催促他。出門這件事根本與孩子無關，對孩子而言，當下的玩樂才最重要，**我們的催促其實只是在強逼孩子停止他正在做的事情，做我們要他做的而已**，所以，孩子不聽從是可以理解的。在這件事情中，我又變成孩子的警察（仲裁者），陷入「對」與「錯」框架中，照著我說的去做才對，否則就是錯。若同理孩子正在玩的心情，或許，我們應該以導護隊（引導者）的角色，引導孩子做該做的事即可。

★2出門前先預告並提醒時間

之後，只要出門前，我都會先提醒，跟孩子預告出門的時間，並且告訴孩子等一下我們要做什麼。「花寶，我們再二十分鐘就要出門囉，要去找爸爸的朋友，還有兩個小朋友可以一起玩喔。」然後每隔幾分鐘就提醒一次。「還有十分鐘喔！可以開始收玩具囉。」「再五分鐘就要出門囉，請現在開始收玩具。」語氣可以隨著時間逼近而趨於嚴厲。

因爲孩子的專注力只限於眼前的事物，給予他們「換檔空間」，提醒準備出門的時間，孩子就會自動慢慢調整轉換心境，並且願意出門，如此一來比強逼他出門來得更好，也不會因此掃了出門的興致。

每個孩子的「換檔時間」會依照年齡與個性而有所不同，我們可以依照經驗給孩子不同的換檔時間提醒他們，之後每次出門前再調整即可。

★3把命令變有趣，讓孩子期待出門

我們可以試著把命令的語句，如：「快點穿衣服。」「趕快收玩具。」「你到底要不要走啊？」轉變成好玩的語句，像是：「我們去找其他小朋友玩吧。」「出發去搭捷運囉！」「等一下去的地方有好玩的東西喔。」直接用好玩的亮點當餌引誘孩子，增強孩子出門的意願，等孩子說：「喔耶～好啊，好啊！」的時候，再告訴孩子出門前先要做的事情：「那我們先把玩具收拾好吧。」此時已經上鉤的孩子，一定願意動身去做的。

另外，我們也可以採用把任何事情都變好玩的神奇咒語：**「我們來比賽！」**「花寶，我們來比賽，看誰玩具收得最多。」「澤澤，我們來比賽，看誰先到門口穿好鞋子喔！」孩子對於「比賽」這兩個字幾乎毫無招架之力，很難不被吸引。即使孩子一開始裝作不在意，只要我們擺出準備起跑的預備姿勢，嘴上喊著：「預備～開始」，然後慢慢起跑，孩子一定會衝得比我們還快。

爸爸經不碎念

當孩子不願意收玩具，而我們又急著出門時，或許不用堅持當下就要收好。先提醒孩子回家一定要收，回家後，只要在睡覺前有收拾好就行了。畢竟，出門玩樂的愉快氛圍還是很重要的。

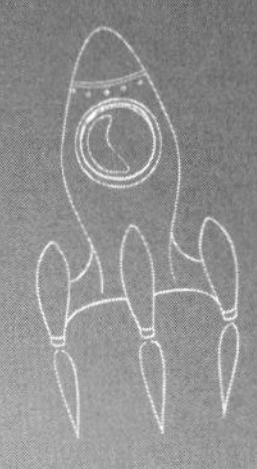

PART4
當孩子與他人產生衝突

一定要教孩子分享嗎？

分享不應變成強迫

曾幾何時，「分享」似乎已被套上了一層道德枷鎖，變成用來強迫小孩出借東西的理由與手段?!

「分享」應該是一件開心的事情

「澤澤爸爸，澤澤不乖。」

「喔～澤澤是怎麼不乖啦？」

「他好小氣喔，都不分享玩具。」

小男孩皺著眉頭、滿臉委屈的跑來跟我告狀。

我跟澤澤一起去朋友家玩，澤澤帶了一些自己心愛的玩具，有個小男孩想要跟澤澤借，但是不管怎麼跟他說，澤澤就是不借，於是這個小男孩使出了大絕招「找澤澤的爸爸來幫忙」。沒想到，我可能要讓他失望了，我只是笑笑看著他說：「是喔，那你去想想有什麼辦法可以讓澤澤借你玩具。」

過沒多久，在客廳的另一隅，也發生了同樣的事情。

一個小女孩跑去找另一個女孩的媽媽：「如如媽媽，如如不借我玩具。她都不分享。會分享的才是好孩子，對不對?!」如她所願的，如如媽媽跑去如如旁邊，跟女兒說：「如如，玩具要分享啊，一起玩才好玩嘛！」只見如如噘著小嘴，雙手交叉在胸前，「哼」了一聲轉身背對媽媽，如如媽媽繼續好言相勸：「妳這麼多玩具，分給姊姊一點不會怎麼樣啊！」

「可是這些我都想要。」

「沒關係啦！反正……」過沒多久之後，如如的玩具就在別人手上了，但是如如卻是滿臉不情願。

「分享」應該是一件開心的事情，但爲什麼我卻沒有在她臉上看到呢？

★當「分享」變成一種手段，沒有人會開心

這讓我想起了有一次，我們帶著兩兄妹去公園玩沙子。對於玩樂相當認眞的我們，備齊了整套玩沙工具，從剷子、推車、挖勺、到水桶等一應俱全。當我們一到沙坑，拿出所有工具時，彷彿喚醒了四周沉睡的獅子，而我們就像獅子眼中的肥肉，當場就被盯上了。果不其然，一位小朋友率先發難，往我們這邊走來，但是眼睛卻是直直盯著玩沙的玩具：「這個可以借我嗎？」沒等我們回答，她竟自動拿起玩具，轉身就走。由於速度實在太快，我們來不及反應和制止，想說算了，反正她就在旁邊玩。不過，她這個舉動，彷彿也鼓勵了其他小朋友紛紛走過來。

一個小男孩問澤澤：「這個可以借我嗎？」行徑如出一轍，才剛說完就想把玩具拿走。早有防備的我，立刻叫住那男孩，搖搖頭說：「哈囉，他沒有說好喔。」一手指著澤澤。

「這個可以借我嗎？」男孩問了澤澤。

「不可以。」

「那可以借我那個嗎？」男孩不放棄，指了另一個玩具。

「不要，我全部都要用。」

「厚~你都不分享。」

男孩轉頭看我，指著剛剛那個「擅自借走」玩具的女孩，帶點生氣、理直氣壯的問我：「爲什麼只借她不借我？玩具就是要分享啊！」

「沒有喔，這是我兒子的玩具，他可以決定要不要借給你，我兒子的答案是不要。剛剛那個女孩是不對的，我會去把玩具拿回來。」

男孩聽到大人這麼說，悻悻然離開，繼續跟其他小朋友借玩具。

讓孩子自己決定！不分享也無妨

我個人很喜歡收藏電影跟影集的DVD，甚至買了完全沒拆過就擺在櫃子裡也很開心，這些DVD都是我的私人珍藏與小小喜悅，也完全不願意與人分享。每個人都會有不願意分享的東西，大人如此，小孩更是如此。不能因爲孩子的玩具很便宜，大人就認爲借給別人有什麼關係，即使只是一台小小的車子，在孩子玩的當下，就是屬於他獨一無二的玩具，何必要用「分享就是好孩子」的標準去逼迫孩子分享呢？

「分享」應該是一種心甘情願的心情、一種自發性的過程、一種享受共同擁有的快樂。孩子開始願意分享，除了個性使然，多半是與手足或同儕相處所學到的經驗。孩子在與朋友玩的過程中，彼此分享玩具，體驗分享的快樂與好處，他們才會更樂於分享，根本不用強迫。

★「分享」需要被引導，而不是被強迫

澤澤一開始非常不願意分享玩具，我每次問澤澤，他只有一個答案：「因爲我每個玩具都想玩。」後來，我就告訴他：「我知道每個玩具都是你的寶貝，不過在跟別人一起玩的時候，你可以把玩具分成兩類：第一類是你最~喜歡的玩具，怎麼樣都不會借人；第二類是你普通喜歡的玩具，可以借給別人玩一下下，而且只要你想玩就可以拿回來。如果別人跟你借的是你最喜歡的，你就拒絕，如果是普通喜歡的，借他一下下也沒

關係。當然，借與不借還是你自己決定。」澤澤在跟朋友的幾次互動練習後，終於開始分享。不過，他最喜歡的玩具一定還是緊緊握在手中。

另外，還有一個好方法。當澤澤想向別人借玩具而被拒絕的時候，我會鼓勵澤澤試著先去分享自己的玩具。「這是我的玩具借你，你的玩具可不可以借給我？」於是乎，兩人就沉浸在彼此分享的喜樂之中。

不要擔心孩子不分享，我們就會被認爲是沒把孩子教好。讓孩子自己決定吧。如果孩子真的不想分享，就跟他說：「沒錯，你是可以不分享的。」

爸爸經不碎唸

如果覺得孩子就是要分享，請用身教證明給孩子看，先把你最珍貴、最值錢的收藏拿出來與別人分享。假使你也不願意，為什麼孩子就一定要分享呢？

當孩子與人發生衝突
從衝突中學習人際相處

當孩子之間發生爭執，「是不是我的孩子又闖禍了？」「我的孩子怎麼這麼愛哭？」「又在吵了，難道不能安靜一下子嗎？」許多爸媽便開始擔心會不會是自己孩子的問題，或是責怪都是別人家孩子造成的。特別是很多人在的場合，父母深怕自己變成旁人眼中不會教孩子的無能爸媽。

會記得衝突的往往不是孩子，而是大人

「哇～嗚～哇～嗚……澤澤……澤澤他……」原本正在跟澤澤玩的孩子，突然開門

從房間走出來，委屈且難過的哭訴著。此時，我斜眼看到一旁的老婆，一副相當緊張的模樣，心裡一定在想：「糟了！是不是我兒子又惹禍了？」

只見那孩子扁著小嘴邊啜泣邊走到我們面前：「澤澤媽媽，澤澤剛剛搶我的玩具。」

老婆聽完，立刻起身準備去處理，我很快拉住她的手，讓她坐下來，我跟那孩子說：「嗯～我們知道了，澤澤為什麼要搶那個玩具啊？」

那孩子有點著急：「因為……因為……因為我正在玩，澤澤也想要玩，但是我不借他，他就搶走了。」

大概了解一下事情經過後，我便委婉回他：「好，謝謝你告訴我。那你有沒有跟他說：『這是我正在玩的玩具，我不喜歡你這樣，請你還給我。』呢？」

那孩子想一想，搖搖頭說：「沒有。」

我拍拍他的肩：「那你先去跟澤澤說，如果你說了，還是一樣，再來找我。」

那孩子小跑步回房間，我們從門外聽到他一進門便很大聲的說：「這是我正在玩的玩具，我不喜歡你這樣，請你還給我！」接著，就沒有聲音了，我跟老婆互相對看一眼，不知道房間裡發生了什麼事情，正在想著要不要去偷看的時候，突然，房間傳出孩子們玩樂的嬉笑聲。

其實，**孩子很快就會忘記和別人發生的衝突，會記住的往往都是大人**。

★每一次衝突，都是人際關係的練習

當孩子之間發生衝突的時候，爸爸媽媽們要放寬心，不要一有爭執就開始歸咎誰對誰錯。先把面子放一旁，試著讓孩子自己去嘗試，把溝通的主導權交回孩子手上。讓孩子之間的每一次衝突，都成爲一次人際關係的練習。相信隨著一次又一次的練習，加上爸爸媽媽的正確引導，孩子往後一定會知道該怎麼做才是正確的，而非只會用生氣、打人、大哭，或是找大人出面而已。況且，往後到了學校，爸爸媽媽可不會在孩子身邊的喔！

讓被搶的孩子學會表達，讓動手搶的孩子學會詢問

以搶玩具爲例，被搶的孩子如果只會用大哭或找大人出面的方式，可能是因爲他不知道面對這種衝突時，還有什麼其他的方法。或是依照經驗法則，只要一哭，立刻有人會來幫忙把玩具奪回來。爸爸媽媽可以鼓勵孩子去跟對方反應自己的感覺：「這是我的玩具，請還給我。」「我不喜歡你這樣威脅我。」「這是我先玩的，你不可以搶走。」「你再不還給我，我要去跟媽媽講喔。」如果孩子不敢，爸媽可以陪同，但是要堅持讓孩子自己開口。慢慢的讓孩子知道除了大哭大鬧或搬救兵之外，是有其他方法可行。

當自己的孩子搶人家玩具時，爸媽通常立刻劈頭就罵，同時也想讓別人知道，我是有在教孩子的。「這個玩具可以借我嗎？我好想玩喔。」「等你不玩了，可以借我玩嗎？」「這是我的玩具借你，跟你交換好不好？」「你先玩五分鐘，再換我玩五分鐘，我們輪流好嗎？」父母應該教導孩子怎麼做才是對的，然後在每次的練習與引導中，讓孩子知道當他很想要玩這個玩具的時候，除了動手搶之外，還有**詢問**、**等待**、**交換**跟**輪流**等好多方法可用。

我們要讓被搶的孩子，勇敢的表達自己的情緒與反應；同時也要讓動手搶的孩子知道，原來我這樣做，對方會反抗、會生氣，進而從互動中知道「搶」這個行為是不對的，進而了解，原來要先去訊問和溝通，而非直接動手。如此經由與他人的深刻互動所得到的經驗教訓，會比爸媽在事後苦口婆心來得有用。

我們要秉持**「先讓孩子試著自己表達與溝通」**的原則，當發現孩子找不到方法時，可從旁協助與引導。而當孩子們吵到不可開交或僵持不下時，大人還是要介入幫忙緩和情緒，等雙方恢復平靜，再讓孩子繼續溝通。不過，只要在過程中，出現危害到孩子與他人安全時的行為，像是：打人、推人、拿玩具敲人……等，爸媽就要立即上前制止，而非依然讓孩子們自己處理喔！

★年紀越小，越需要大人引導

較小的孩子，由於較沒有自我控制能力，溝通能力也正在發展中，所以當衝突發生時，會更常出現手比嘴快或是大哭大鬧的情形。此時需要爸媽從旁幫忙與引導，而非一句「讓孩子們自己解決吧」就以為事不關己了。尤其是當一群孩子當中，有較小的孩子在場時，最好要有大人在旁陪同與觀察。因爲，當孩子之間有大小孩跟小小孩時，有可能會發生因爲年齡差距而無法玩在一起的狀況。此時，爸爸媽媽可以採用**融入式的引導**，讓大小孩跟小小孩很自然的玩在一起。這時就不是問：「我可以一起玩嗎？」，而是假如大小孩在當老闆玩賣水果的遊戲，我們可以帶著小小孩上前詢問：「老闆，我要三顆蘋果，多少錢？」直接帶著孩子扮演遊戲中的客人，自然而然引導孩子們玩在一起。

★世界腳步越快，教養的步調要越慢

現在的社會凡事講求在短時間內立即見效。然而，我們對待孩子一定要放慢步調，**不能期望這一次告訴孩子，孩子下一次就立刻做到**，只要一沒有做到，就大發雷霆或嚴厲處罰。我們要讓孩子知道當他遇到狀況時，可以透過每一次的練習，慢慢培養他面對、處理的能力，即使不是每一次都能很圓滿，也能從經驗的累積記取教訓。即使是大人，也有很多事情是沒有能力處理的，何況是孩子呢?!每次的小小進步，都是一點一滴的爲未來扎根，根扎越深越扎實，長大後的枝幹會更豐碩，樹葉更茂密。

爸爸經不碎唸

假使每一次孩子之間發生衝突，大人都介入仲裁，次數一多，孩子就知道要哭給大人聽，期望自己一哭就有大人出面，而非真正的難過喔！

兄妹倆都想要同樣的東西

放手讓孩子們討論

星期六晚上回家的路上，詢問老婆晚餐想吃什麼，老婆回我：「兒子女兒想要吃漢堡。」買了晚餐坐在捷運上，此時電話響了，電話一接起就聽到澤澤很開心的說：「爸爸，有買兒童餐嗎？」

「有啊。」

「那有送玩具嗎？」

「當然有啊。」

「妹妹，爸爸有拿玩具喔。」只聽到電話那頭的澤澤立刻跟旁邊的花寶說。「是兩個嗎？那是一樣的嗎？」

「是兩個玩具啊，而且是不一樣的，一個紅色一個白色。」澤澤再次轉頭跟花寶重複我說的話，花寶也在旁邊開心附和。

「爸爸，我剛剛已經先跟妹妹討論好了，如果我們都喜歡一樣的玩具，那我們就會猜拳決定喔！」

「好，你們決定就好。」

一回到家，兩小迫不及待在門口迎接我（其實是來迎接玩具的吧?!），我放下餐點，兄妹倆果然很快的先把玩具拿出來。只見澤澤先拿起紅色玩具說：「哇~這個好好玩喔。妹妹，妳要不要這個？」

「我不要，我要那個白色的。」花寶搖搖頭並指著白色玩具。

「啊~但是我也想要這個耶。」澤澤面露難色。

「白色玩具是我的。」花寶很強硬，而且想伸手去拿。

「好，花寶，那就像剛剛討論的，如果我們都喜歡同樣的，就猜拳決定。」澤澤迅速擋住妹妹的手。

「我不要猜拳，我要白色的，我要白色的！」妹妹哭了，一把抓著白色玩具不放。

「爸爸，妹妹怎麼可以搶走玩具？」澤澤也著急了。

當然，對孩子而言，當局面僵持不下之際，找個大人當警察的角色來做裁決絕對是最有效的方法，但是，對孩子是最好的嗎？

面對孩子的糾紛，當孩子的導護隊而非警察

聽到澤澤告狀，我悠悠的對花寶說：「花寶，剛剛是你們自己說的啊，如果你跟哥哥都喜歡同樣的玩具，就要猜拳決定啊！」澤澤有點生氣，想要把玩具從花寶懷中奪回來。我按耐住澤澤的衝動，繼續跟花寶說：「爸爸知道妳想要，但也不能直接搶走喔，妳看哥哥好生氣，是不是？妳應該再跟哥哥討論喔。」

父母要試著凡事不做孩子的警察（仲裁者），而要當孩子們的交通導護隊（引導者）。不要陷入對與錯的框架中，只要引導孩子往對的方向走就好了。跟孩子談情緒跟感覺，把他們拉回討論的情境中即可。

花寶看看澤澤小聲說：「哥哥，我想出剪刀，你出布好不好？」聽到花寶這麼說，

我差點笑出來。當然，澤澤也非泛泛之輩，回答花寶：「好啊，妳出剪刀，但我不保證會出布喔！」太想要白色玩具的花寶，聽到不能如她所願，又氣了起來：「那我不要猜拳了啦！」然後一副快哭的模樣。我趕緊出聲：「猜拳本來就有輸有贏，沒有辦法指定對方要出什麼耶。」我拍了拍花寶的背安撫：「如果花寶不喜歡猜拳，妳可以想別的方法，讓妳跟哥哥都可以玩到的方法，好不好？」

「讓孩子們自己討論」並不是說完這句話就把所有事都丟給孩子，一副事不關己的樣子。特別是情緒不穩定的孩子，當發現他與人起衝突，要先安撫雙方，讓雙方都回到可以繼續討論的狀態，再把主控權還給孩子。如果孩子的語言與理解能力尚未發展到可以自主討論的階段，更需要爸媽在一旁協助及引導。

★相信孩子們溝通協調的能力

花寶想了想，突然跟澤澤說：「哥哥，如果白色玩具給你，那你去上課的時候，我可以玩嗎？」澤澤聽到花寶似乎要把白色玩具讓給他時，露出喜悅的神情說：「當然可以啊。」花寶也跟著笑了，把白色玩具給了澤澤，轉身去拿紅色玩具：「那白色玩具給你，我要紅色的。」還不忘提醒哥哥：「那你上課的時候，我就要玩喔！」看到事情和平解決，我大大的稱讚了兩兄妹。

只要沒有出現傷害人的行爲，爸媽都應該放手，讓孩子們自己討論，孩子一定可以找到解決辦法的（但只要孩子之間出現身體上或言語上的傷害時，爸媽便需要從旁制止）。唯有如此，孩子才會學習怎麼尊重他人，如何調整自己去接受對方的意見，也會讓孩子遇到問題時懂得自己找方法。如果每一次孩子有爭執時，我們都像警察（仲裁者）一樣介入其中，幫孩子做所有決定，雖然效果立見，但卻只會讓孩子等待你的裁決，而少了許多思考與磨合的過程。

強迫或說服他人接受自己的想法，不叫討論。知道自己要什麼，然後聽進對方的想法，最後找到大家都可以接受的方式，這才是討論的精神所在。討論可以從小開始練習，最重要的是，大人要先學會放手，不當孩子的警察。

爸爸經不碎念

假使兩個孩子都想要同樣的玩具，或是當下只有一個的時候，很多父母以為反正只是小東西而已，就拿去換成一樣的，或是再去買一個來中止爭吵。但這種情形隨著孩子長大後，小東西會變大東西，變成電動？手機？或是車子……難道一個孩子有，另外一個也一定要提供他一樣的嗎？還不如現在就忍住，放手，讓孩子們自己學會討論解決吧！

如何化解孩子調皮打擾他人的尷尬？

探求行為背後的本意

「你眞的很故意耶。」「你怎麼會這麼調皮啊！」當孩子做出惹爸媽不高興的事情，請別立刻幫孩子貼上「故意」「調皮」等負面標籤。放下身段問問孩子，或許孩子的本意，出乎我們的意料。

我不是調皮，我只是想逗大家笑

母親節早晨，全家人一起享受完美好的餐點，老婆拿起平板想跟遠在國外的阿祖視訊，跟阿祖說聲：「母親節快樂」。當視訊連上線的那一刻，一旁的澤澤十分開心，一直在鏡頭前蹦蹦跳跳，不斷發出聲音。並且在視訊時不斷打擾大人講話，講了好幾遍都不聽，讓澤媽無法好好講話，最後只好匆匆關掉視訊，結束通話。

老婆有點生氣的闔上平板後，立刻唸了澤澤：「媽媽剛剛在跟阿祖講話，你怎麼這麼調皮搗蛋打擾我們，講了好幾次還不聽！」

我悄悄走到澤澤旁邊，看著嘟著嘴的兒子問道：「寶貝兒子怎麼啦？你看起來有點難過ㄟ！」

「我被媽媽罵了。」

「那你知道為什麼被媽媽罵嗎？」

「因為我剛剛不乖。」

「兒子是怎麼樣不乖呢？」

「因為我剛剛亂丟東西，還有遮住平板，打擾媽媽講話。」

「喔～是因為這樣才被罵啊？難怪兒子這麼難過。」

「我知道澤澤好喜歡阿祖，看到阿祖超級開心的，那怎麼會做這些事情呢？」澤澤有點想哭的感覺，把他抱在懷中。

「因爲我覺得好玩。」

「你覺得怎樣好玩？」

「我想要跟阿祖他們一起玩，讓他們笑。」我恍然大悟，原來澤澤不是故意要調皮搗蛋，而是想要讓大家笑啊。

★教孩子找到自己和他人都覺得好玩的方法

我了解澤澤的本意後，問澤澤：「那~你覺得他們有笑嗎？媽媽有笑嗎？」

澤澤搖搖頭：「沒有。」我微笑著：「對囉~可能是別人覺得你的行爲不好玩啊。」「有時候，你自己覺得好玩的事情，不一定大家都覺得好玩喔！」我語氣略微嚴肅，繼續解釋：「就像這一次，你用手或臉遮住大家的視線，還一直做鬼臉，你覺得好好玩，但是媽媽卻沒有，反而很生氣的唸你，這就是因爲每一個人的感受是不一樣的。也就是說，你覺得很好玩的事情，別人可能並不覺得好玩喔。」澤澤似懂非懂點點頭。

「這次沒關係啦，不過你要慢慢找到怎麼樣是你覺得好玩，別人也覺得好玩的方法。這樣，你開心，別人也會因爲你而開心，爸爸相信兒子一定可以的。」

孩子本來就很容易以自我爲出發點去思考每件事。當他想要玩一個遊戲時，就要大家配合他；當他想吃一個東西時，就要大家帶他去。然而，除了自己獨自做的事情之外，多數時候，都會需要與人相處合作，學習如何尊重他人，懂得他人的感受，調整自己的行爲，找到自己與他人都覺得開心的方式，也是每個孩子在人際關係中要慢慢學習的課題。

當孩子找到了，請別忘了給他大大的鼓勵與讚美喔！

爸爸經不碎唸

每個人多多少少都有過「自以為好玩或貼心」的行為，卻反而惹對方不高興。像是學生時代拉女生馬尾，或是長大後送了不適合的禮物等，其實本意都是好的，而我們也是在這些過程中，慢慢找到如何讓自己和別人都開心的方法。孩子也是如此，我們就淡定的看待孩子「調皮搗蛋」的行為吧！

孩子好勝，就是輸不起嗎？

同理孩子獨一無二的性格

孩子好勝其實是件很棒的事，但重要的是怎麼面對遇到挫折時的情緒，以及依然保有企圖心。輸了就哭不是問題，但因爲怕輸而不敢參與，才是父母應該要留意的喔！

「想贏」也是一種獨特的性格

每回春節大年初二，帶著一家子回老婆娘家，除了拜年、敘舊與大魚大肉之外，一定會玩一種號稱古早大富翁的「葫蘆肥」（或「葫蘆問」）的傳統遊戲，看似簡單卻充滿變化，每回合都加減分於無形之中，小孩子也可以擲著骰子與大人一起同樂。

過年前，澤澤已摩拳擦掌、滿心期待。遊戲前半場，澤澤擲骰子的運氣不錯，每回合都有加到分，中場加總下來，排名第一。藏不住喜悅的澤澤，開心嚷嚷，驕傲的跟每個人分享他的得意。我當時才明瞭「得意忘形」原來就是這個樣子。

不過，到了下半場，大夥換了位置，風水輪流轉。澤澤每擲一次，手上的分數就越來越少，原本上揚的嘴角也慢慢變成苦瓜臉。在場每個人都深深感受到澤澤渾身散發出「我想贏，我不要輸」的強烈氛圍。澤澤越玩越沮喪，幾乎要哭出來。

最後一把骰子擲下，贏家把棋子挪到終點，大家鼓掌恭喜，只見澤澤像是一顆充滿氣被針刺破的氣球，立刻放聲大哭起來。

★避免孩子哭鬧時成為全場焦點

其實我早就料到會發生這個狀況，所以當澤澤臉色一沉，我便走到他身旁先輕聲安慰，澤澤一大哭，我立刻把澤澤抱起來，暫時遠離衆人避免成爲全場焦點。

因爲當孩子的哭聲成爲全場焦點時，大家就會想要給予安慰：「輸又沒有關係。」「這有什麼好哭的。」「你這樣輸了就哭，沒有人會想要跟你玩喔。」雖然這些話都是出於好心，事實上是卻一點都安慰不了孩子，只會適得其反讓他越哭越大聲。因爲這些看似安慰的話，是從大人的觀點來看，而非孩子的。大人可能會覺得這不過只是個遊戲罷了，卻忽略了孩子是如此認眞的參與其中很想贏的心情。

父母當下要做的，只有先陪著孩子哭吧！

★理解孩子想要贏的心

隨著澤澤的哭泣漸緩，我抱著澤澤跟他說：「爸爸知道你輸了好難過」「爸爸了解你好想贏。」「剛剛眞可惜，差一點就可以贏了。」澤澤邊聽邊點頭，似乎又喚起剛剛的記憶，那場該贏而未贏的遊戲，於是再次靠在我肩上放聲哭了起來。

我說的話看似再次引爆炸彈，讓澤澤再度哭泣，但卻會讓孩子感受到**「爸爸可以理解我想要贏的心」「爸爸是跟我站在同一陣線的」**。而非只是勸說「算了」「沒關係呀」「無所謂啦」這些無濟於事的話。

只有和孩子站在同一陣線，才能讓他眞正感受自己被理解；只有眞正被理解，才能放心的宣洩不開心的情緒。

★陪著好勝的孩子度過挫折

「我還想要再玩一次。」澤澤收起哭聲，微微抬頭跟我說。

「可以啊，不過要等下一次喔。」

「不要，我要現在。我就是要現在再玩一次！」

「好啊，那你自己去問每個人，如果大家都有時間也都願意，那就再玩一次。」

面對有情緒的孩子時，別把孩子的情緒和事情攬在自己身上，以及給予有條件的同意，就是最好的應對方式。

澤澤或許是想到要問每個人似乎有點麻煩，搖搖頭說：「那現在不要了，可以晚上嗎？」

「有機會喔，不過爸爸不能幫每個人決定，要看大家晚上想不想玩囉。」

「爸爸，我剛剛眞的好想贏喔。」

「我知道，你想贏很好，眞可惜最後還是輸了。」「不過雖然輸了，但爸爸覺得你很棒喔。雖然後面一直被扣分時，你有點難過了，但都很堅持沒有放棄，超級棒的。」

「我下次一定要贏。」

「哈哈~沒錯，輸了不要緊，下次贏回來就好了。」澤澤說完就像沒事一樣去找其他孩子玩了。

孩子好勝是件很棒的事，但重要的是怎麼面對遇到挫折時的情緒，以及依然保有企圖心。**輸了就哭不是問題，但因爲怕輸而不敢參與，才是父母應該要留意的喔！**

爸爸經不碎念

世界上每個成就大事的人，一定都會有不服輸的精神，所以當孩子因為不喜歡輸而鬧脾氣的時候，我們應該要感到開心。因為這表示，我們的孩子將來或許會成就一番大事業喔！

可以教孩子反擊嗎？

動手的時機與迷思

當孩子遇到的人是善良的、是正人君子的時候，告訴孩子「要用說的」「找大人幫忙」「不可以動手」的確是對的。但是，假使不幸對方是刻意挑釁或是故意欺負孩子的人時，難道還是只能用說的嗎？

反擊有錯嗎？

假日午後，兄妹倆不想睡覺玩著積木，我靠在沙發上則有些睡意，突然，有一幕被我餘光瞄到，覺得有些反常。妹妹說她需要某種類的積木，一直說哥哥拿太多了，但哥哥沒有理她，於是妹妹就直接動手拿了哥哥正在玩的積木，哥哥立刻用力搶回來。妹妹當場哭了，我先不動聲色，覺得澤澤的行爲有些反常。接著，正在哭的妹妹很生氣伸手打哥哥，澤澤二話不說也很生氣的打回去。此時，我坐起身來，看著兄妹倆。花寶往我這邊看，哭得更大聲，澤澤也發現我在看他們，拳頭緊握，漲紅著臉，喘著大氣。

七歲的澤澤，從小與其他孩子發生衝突時，往往不會是哭喊告狀的那一個，而是動手的那一方，舉凡搶東西、打人、推人甚至咬人都用過。後來在我們的教導與練習之下，讓他知道與其他孩子起爭執時要好好講，除了動手，還有詢問、告知、交換、輪流和找大人幫忙等很多方法可以使用。（請參考**PART4**〈兄妹倆都想要同樣的東西〉）

澤澤當上哥哥之後，也都會好好跟妹妹說。當妹妹搶哥哥的玩具，澤澤會先用說的：「這個玩具是我先玩的，請還給我。」當妹妹打哥哥，澤澤會很生氣的告訴妹妹：「妳不可以打我，我會很痛。」當妹妹不理會哥哥的告知，澤澤會用其他方法：「如果妳再不還我，我要去跟媽媽講喔。」

但是這一次，情況有點不一樣。

我安撫完哭鬧的花寶後，心平氣和走到澤澤身邊坐了下來。需要心平氣和是因爲**大**

人的反應，決定了孩子在你面前會怎麼講。既然想要了解澤澤爲什麼會有和平常不一樣的舉動，並且期望澤澤對我誠實說出原因，生氣只會讓孩子因爲害怕被處罰而更加退怯與隱瞞。只有心平氣和的與孩子溝通，孩子才願意無後顧之憂坦承一切。

「兒子啊，爸爸剛剛發現了一件事情。」

「什麼事情？」

「妹妹剛剛搶你玩具、打你，我知道是妹妹不對，不過你之前都會先跟妹妹用講的或是找我幫忙，但是爸爸卻看到你直接動手了，爲什麼呢？」

「因爲我要……『反擊』。」這是我第一次從澤澤口中聽到「反擊」這兩個字。

「那你知道什麼是反擊嗎？」

「『反擊』就是當別人打我的時候，我就立刻打回去。」

細問之下才知道，原來澤澤是從學校同學那裡學到的。男孩子一下課就會打來打去，有時一個不注意，弄痛了對方，對方就會大喊：「我要反擊！」然後用更大的力氣打回去。

找到源頭就好辦了。正想持續教導澤澤「要用說的」「找大人幫忙」「不可以動手」的觀念時，卻突然想到，「反擊」真的有錯嗎？

或許有時候，「反擊」也是保護自己的一種方式。

★適當的反擊，是一種自我保護

我想了一會兒要怎麼跟澤澤解釋這件事。「哇～爸爸很開心喔，澤澤在學校學到了『反擊』這個新詞耶，不過，學到新的東西是很好，但也要用對地方喔！」澤澤聽到我不但沒有指責反而稱讚他，也高興問我：「那『反擊』要用在什麼地方啊？」我繼續解釋：「首先，你要知道『反擊』真正的意思。」「爸爸覺得『反擊』就是，當別人對你有不好的行爲時，而你已經試過所有辦法，但都沒有用的時候，最後不得已才用上的方法。」我繼續說：「不過，爸爸覺得，『反擊』不一定就是動手打人。**『反擊』是一種氣勢、一種堅定、一種告知對方『不可以再繼續下去』的強烈回應或警告。**」我知道澤澤並沒有很了解，就舉例給他聽。

「在學校有人故意欺負你時，你先不理會那個人，但對方還是繼續，你已經跟對方說：『不可以這樣欺負我。』對方還是不理，你又說：『你再欺負我，我要告訴老師喔！』結果，對方還是步步逼近，然後你想要逃走，對方甚至把你困在角落不讓你去求救，你已經什麼方法都試過了，他還是不放過你，那～注意囉！這個時候，才可以『反擊』。反擊的方式，可以用力抵擋對方、抓住對方的雙手、大聲喊救命，或是用盡全力掙扎與逃脫……等，你可能要看情況來應變囉！」

澤澤點點頭，我接著說：「像剛剛妹妹打你或是搶你東西的時候，你跟她講沒有用，但是找爸爸媽媽來幫忙一定有用，所以不需要反擊。」

或許「我可以『反擊』嗎？」這個有點社會化和有點複雜的問題，慢慢的在澤澤長大與他人互動的過程當中，可以更清楚了解，對誰需要「反擊」、對誰不需要「反擊」、何時可以「反擊」、何時不可以「反擊」。況且，孩子長大後，我們也沒辦法一直都在他們身邊，若只是一味的教孩子凡事都只能用講的，其實有點不太實際。或許，教孩子可以適時的反擊，也是教他一種自我保護的方式。

爸爸經不碎唸

忍無可忍，則無需再忍。

孩子在學校的人際關係有狀況

放下擔憂，選擇相信

當孩子還小時，幾乎隨時都在我們的羽翼保護之下，但當他上學進入「小型社會」之後，孩子開始與其他人互動，也開始漸漸面臨幼兒時期較不會碰到的人際問題，當父母聽到孩子回家抱怨「沒有人跟我玩」時，請稍安勿躁！

「沒有人要跟我玩！」

「澤澤，你怎麼啦？」澤澤悶悶不樂的玩著玩具，搖搖頭表示不想回答。

在幼稚園有好多朋友的澤澤，上小一後，人際關係卻產生狀況，或許是因爲換了學校，沒有熟識的朋友同班的緣故。

「爸爸覺得你悶悶的耶！是在學校發生什麼事了嗎？」

「我今天在學校哭了。」

「是喔！爲什麼哭呢？」

「因爲沒有人要跟我玩。」

不會吧！難道我兒子被排擠？「怎麼這麼說？是發生什麼事嗎？」我故作鎮定問他。

「我們一下課就跑出去玩鬼抓人，但是遊戲規則都要某某決定，我跟他說我不想這樣玩，他就把所有人叫過去，叫大家不准跟我玩。」

「然後大家眞的都沒跟你玩囉？」

「對啊，我一個人離開後，聽到大家玩的聲音，越想越難過就哭了起來。」澤澤想到當時的委屈，又哭了起來，我立刻把澤澤抱在懷中。心疼兒子的我，氣憤的恨不得隔天就衝去學校找那位同學詢問，希望可以幫澤澤處理在學校遇到的人際問題。

於是，我猶豫著要爲澤澤挺身而出，還是讓孩子試著自己面對。

★父母的角色，是先當觀察者而非凡事都介入

經過了一夜思考，我決定先觀察而非直接介入。先提供孩子方法，讓他在學校自己嘗試，我們則觀察事情的發展，而不是一開始就介入干涉。假使我們介入，雖然立即就能達到幫孩子出頭的目的，但卻也讓孩子缺少了練習與人交際的機會。往後在學校只要一有事情發生，孩子就會期望我們可以幫他解決。

第二天一早上學前，我叮嚀澤澤：「如果今天某某某又叫大家不跟你玩，你就去找其他人玩。」

「可是我還是想要跟他們玩怎麼辦？」

「那你可以試著跟他說：『我不喜歡你這樣說，因爲我們是朋友，我好想要跟你們一起玩，希望我們可以一起討論。』」與澤澤演練了幾遍後，便等著放學後的進度回報。

★陪孩子不斷練習應對進退

「怎麼樣？今天他還有叫大家不要跟你玩嗎？」澤澤一放學，我就迫不及待的問

他。

「下課時，我想跟大家一起出去，他還是說我不可以玩，除非我聽他的。」

「然後呢？你怎麼回他？」我有點心急。

「我就跟他說：『我不喜歡你這樣說，因為我們是朋友，我好想要跟你們一起玩，希望我們可以一起討論。』」

「那他怎麼說？」

「他有愣了一下，就答應我可以一起玩。」

「喔～那很好啊。」

「不過，我們還是吵架了。」

「是喔，吵什麼？」

「一樣啊，我不想聽他的命令。」

「如果他真的這麼強硬的話怎麼辦？」我有點擔心繼續問。

「那就算啦，我找別人玩吧。」

「嗯～好吧！這也是方法之一。」

「那今天如何？有跟他吵架嗎？」隔天晚上，我又問澤澤。

「有啊，最後我自己走掉，回教室找別人一起畫畫。」澤澤無奈的說。

「對啊，找別人玩也是可以呀。」

「不過啊，後來下一堂下課，他自己跑來找我耶。」

「是喔，找你幹嘛？」

「問我要不要一起去玩啊？」

「哈～是喔，這麼神奇，那你有去嗎？」

「當然有啊，他還跟全部的人說我是副隊長，大家都要聽我跟他的。」

「哈哈，搞不好因為你敢反對他，他反而喜歡找你玩喔！」

「可能吧！」

就這樣，我每天聽著澤澤描述當天的發展，教他應對的方法，陪他模擬練習可能會遇到的各種狀況。同時，我們也感受到澤澤與同學們相處越來越更融洽。沒想到後來，澤澤與那位同學還成了最好的朋友。

★稍安勿躁！觀察、陪伴、引導就好

聽著孩子在學校的人際相處，或許我們會擔憂煩惱，甚至想直接幫孩子擋下一切衝突。每個人因爲個性不同，在團體中的角色也會不同。有人是開心果，有人是領導者，也有人是跟隨者。我們都會在人際中找到屬於自己的定位。況且，朋友再多，只要有一、兩個眞心的就足夠了。父母眞的不用太過於憂慮，只需要陪伴孩子，提供建議與方法，從旁觀察即可。相信孩子一定有能力搞定自己的人際關係。

若孩子與朋友之間的人際關係發展到帶有惡意的地步，甚至讓孩子因此開始抗拒上學，爸媽當然還是需要介入，與老師和校方進行了解喔！

媽媽就是不懂，男孩子為什麼喜歡玩打鬥遊戲

理解男孩的行徑

孩子每個行爲背後，多半都有某些原因，才會驅使他做出這些舉動。即使我們可以理解孩子事出有因，當孩子的行爲不太適當時，還是要教導孩子怎麼做才是正確的。而非一句「哎～男生嘛！」就放任孩子繼續去做喔！

為什麼男孩子要這樣打來打去？

和老婆一起去接兒子放學，澤澤與班上男同學走在一起，遠遠看到我們，開心的揮揮手。只見這幾個男孩子，邊走邊講話還一邊拳打腳踢，一路走到我們旁邊也沒有停止

的跡象。

「我是鋼鐵人，看拳！」澤澤直接往同學胸口搥過去。

「看我美國隊長的盾牌。」同學想要擋住卻沒擋好，直接一個拳頭打上來。

「澤澤，可以了！」老婆喝止。正玩得起勁的澤澤，沒聽到媽媽的制止，又一個手刀往同學肚子砍下去。同時間，另一位同學，應該是「蜘蛛人」吧，擺出吐蜘蛛絲的手勢，也在一旁伺機攻擊。老婆看澤澤沒有要停下來的意思，於是上前兩步加大音量：「澤澤，不要再打了！現在回家。」這群男孩子的動作才稍有趨緩的跡象，但拳頭、手刀與盾牌依然揮舞著，直到被各自的媽媽拎走，才停止這場男孩子之間的打鬥遊戲。

「爲什麼要這樣打來打去呢？眞的很受不了耶！」不喜歡這些舉動的老婆，在回家的路上唸了澤澤。

「哎呦~男孩子嘛！」我見狀打了圓場。

「男孩子又怎麼樣？就可以在同學身上拳打腳踢嗎？」

「不是啦~我的意思是，因爲是男孩子，所以這些舉動是正常的。」

「所以呢？揮拳的舉動是正常的嗎？如果太用力，把對方打受傷了怎麼辦？」

「不是啦！我指的是男生與朋友之間打打鬧鬧的心態是正常的，常常會想像自己就是超級英雄般打擊壞人。當然，這種心態可以理解，但不代表行為就是對的，這個尺度的拿捏還是要教導孩子的。」

「那你去跟兒子講。」

「好，好，好，我回家再說喔。」

★「假裝玩」比「玩真的」有趣

「兒子啊，你知道媽媽剛剛的意思嗎？」回到家後，我坐到澤澤旁邊。

澤澤搖搖頭說：「不知道。」

「因為你們這樣打來打去，媽媽擔心你打傷同學，當然也心疼你被打到會痛啊。」

不批評行為，直接表達情緒與感受，永遠是與孩子溝通的最好方法。

「但是我們都不會痛啊！」澤澤有些理解般的點點頭。

「我知道你們是在玩啊，但我們擔心的是萬一。當我們玩得太開心的時候，很有可能因為沒有注意力道而太過用力，然後一個不小心就把對方打受傷了。」

「我們不會啊。」

「我相信你們不會，所以爸爸只是提醒你。可以玩，但要假裝打就好。」

「假裝玩？」

「是啊。」我揮出拳頭，做一次給澤澤看。

「就像這樣慢慢的揮過去，但沒有眞的碰到人家的身體，然後在快要碰到的時候喊一聲『磅』，好像眞的打到一樣，這就是假裝玩啊。」我邊示範邊說。

「玩，不一定要玩眞的，可以假裝的玩，也可以是輕輕的玩，重要的是有沒有玩得開心。所有的玩樂與打鬧，都要在安全與保護自己跟他人的基礎上來玩喔，不然，太過用力，變成眞的打，那就一點都不好玩了。」我再次說明。

★即使是玩樂打鬧，只要覺得不妥就要反應

我突然想到一點，跟澤澤補充：「對了，當別人太用力打到你，你感到不舒服的時候，也要跟對方說喔。」

「怎麼說？」

「你可以跟他說：『你弄痛我了，請你輕一點，我們假裝玩就可以了。』知道嗎？」

「嗯，知道。」

要教導孩子，**即使是玩樂打鬧，只要有不舒服的感覺，也不能忍住不說喔**。孩子有可能無法拿捏尺度，打傷或弄痛他人而不自知，所以適度的表達，讓彼此練習互動，也是很重要的喔！

爸爸經不碎唸

媽媽是真的無法了解男孩子的這種打鬧行為，就像老婆沒辦法理解為何老公與一群男同學聚在一起就會變得很幼稚一樣。

PART5
各種場合的情境教養

不小心打破東西
我們最在乎的只有你

聖誕節前，我們都會帶著孩子一起佈置聖誕樹，感受過節氣氛。今年特別從儲藏室拿出翻轉一下就會飄著雪花和發出音樂的聖誕水晶球。因爲容易打破，所以特別放在客廳角落的茶几上，以免孩子不小心碰撞到。

某天下午，澤澤在客廳邊寫作業邊不專心的東摸西看，看到那顆聖誕水晶球，因爲好奇便起身把玩。老婆看到立刻對澤澤說：「趕快專心寫功課。」說完便往廚房走去。澤澤把聖誕水晶球放一邊，繼續埋頭寫作業。原本玩著娃娃的花寶，則悄悄的接近，抱起沉重的聖誕水晶球不小心一個手滑，水晶球從花寶手中掉落，「砰」的一聲撞到桌腳。我跟老婆聽到巨響跑出來看，只見散落各處的玻璃碎片、桌上的水痕，以及因驚嚇而呆住的澤澤跟花寶。

先關心孩子而非責罵

「你看你，就跟你說不可以拿你還拿，眞是不乖！」「這東西很貴耶，看我怎麼修理你！」當類似意外發生時，父母常會這樣生氣的責備孩子，然而，不知危險而勇於嘗試的孩子，多少會有不小心打破東西的經驗，其實不一定都是孩子的問題，大人沒有把東西放在孩子碰不到的地方，或是沒有事先提醒孩子，都是造成意外的原因。所以**在事情發生的當下，不要急著責罵孩子，而是要先關心孩子有沒有受傷。讓孩子知道我們在乎的是他，而非東西**。畢竟，孩子在闖禍時，就知道自己不對，也嚇壞了。

老婆回到廚房拿抹布，我先跑到花寶旁邊，抱起她拍拍背安慰著說：「怎麼樣？妳有沒有受傷？」花寶聽到我的安撫，緊繃的模樣頓時放鬆，開始號啕大哭了起來，我緊緊擁她在懷中，先陪她哭完：「好，沒事，沒事。」

花寶哭完之後，我再次跟她確定：「爸爸問妳喔，聖誕水晶球打破了，妳有受傷嗎？」花寶擦拭著眼淚且搖搖頭。「嗯！妳沒事最重要。」「那怎麼會不小心打破呢？」花寶從我懷中跳了下去，用邊說邊演的方式詳細交代事發經過。

★提醒孩子下一次該怎麼做

「謝謝妳告訴爸爸，不過這是很危險的事情喔。」了解過程之後，我帶點嚴厲的語氣對花寶說。花寶看我有些嚴肅，也嚴肅的聽著。

「下次當妳想要拿很重的東西時，一定要找大人幫忙，知道嗎？」我繼續說。

「知道。」

「不然，不小心打破東西的時候，連妳也一起受傷了，那爸爸會好擔心、好難過喔。」我緩和了語氣，接著轉過去跟澤澤說。

「兒子，水晶球怎麼會在桌上，而不是在茶几上呢？」

「是我拿過來的。」澤澤有些不好意思。

「請問你當時在幹嘛啊？」

「在寫作業。」

「寫作業怎麼會去摸水晶球呢？」

「因爲我不專心。」澤澤吐了吐舌頭。

「所以囉，下次寫作業就專心寫，寫完再去玩。」

「好，我知道。」

「還有，你拿了聖誕水晶球要記得放回去，而不是隨手放在旁邊喔。」我提醒著。

孩子沒有因爲意外而受傷，當然是最重要的，但是依然要提醒孩子可能的危險性，讓孩子可以從這次的不小心，學習到保護自己以及遠離危險的經驗。

爸爸經不碎念

該放高處的東西還是一定要放，千萬不要認為孩子大了，他自然會注意，就疏忽了喔！

不小心畫到餐廳的桌布上

教孩子面對錯誤

某天到了餐廳，澤澤搶著要跟媽媽坐，我把花寶抱上兒童椅。一同吃飯的親戚們正在點餐，我們拿出玩具先讓澤澤與花寶玩。玩了一會兒後餐點還沒送來，不想玩玩具的澤澤跟我說他想畫畫。我從包包裡拿出彩色筆與白紙，並提醒澤澤：「來，拿去畫畫。要小心喔，不要畫到餐廳的桌布上。」這餐廳的桌布不論是顏色、材質和質感都很典雅。澤澤連忙答應，拿起色筆開始埋頭畫畫。

我與旁人聊著天時，突然有人拉了拉我的衣角，轉頭一看，澤澤伸出手往他座位前方的桌布上一指，我立刻瞪大雙眼，看到沿著畫紙邊緣，有兩條既長又明顯的彩色筆痕跡，深深的畫在典雅的餐桌布上。澤澤擔憂的望著我問：「爸爸，怎麼辦？」

對於已經很內疚的澤澤，責怪他無濟於事，畢竟他也是不小心的。然而事情擺在眼前，難道要裝作沒發生嗎？此時，我內心天人交戰著。

父母的行為，孩子都在學

或許孩子只是不小心犯了一個別人不容易發現的小錯誤，但孩子其實知道自己犯了錯，錯了就是錯了，錯誤沒有大小之分，重點是如何面對與承擔。**是非對錯，在孩子的世界裡其實很簡單，是我們大人把它弄複雜了。**

「沒關係，小事情啦，我們不講沒有人會知道。」「算啦，誰叫餐廳用這麼好的桌布。」「那有什麼辦法，小孩子不小心是難免的啊。」面對明知自己犯了錯的孩子，如果我們是用這些方式教導孩子去面對錯誤，孩子其實都看在眼裡，這樣做只會讓他認爲：「原來，犯了錯，只要沒人知道就沒有關係，或是把過錯輕易推給他人就沒事了。」

「我剛剛不是才說要小心嗎？你怎麼這麼粗心呢？」「你眞的很不乖耶！以後在餐

廳都不准再畫畫了！」過度責罵或是關起門來處罰，只會讓原本就事論事的本意演變成模糊焦點的批評，況且這麼做並沒有讓孩子實際去承擔自己所犯的錯誤，反而增加他內心的憤恨不平而已。

★陪孩子一起承認錯誤

如何才能讓澤澤面對與承擔自己所犯的錯呢？我想了想，堅定的對澤澤說：「澤澤，我們去跟餐廳的人說對不起吧！」澤澤緊張的說：「爸爸，我不敢去。」我笑了笑：「當然不會讓你自己去啊，爸爸陪你去。」

沒錯，孩子犯錯後果要自己承擔，但是這個勇氣是需要練習的。在累積力量的過程中，就陪伴著孩子一起面對吧。

澤澤問：「那要找哪一個啊？」我左顧右盼了一下，找了一個樣子最和善的工作人員跟澤澤說：「走，我們去跟那位姊姊說好了。」認錯的對象態度和善與否，通常會影響整件事的結果，而踏出第一步永遠是最難的，何不幫孩子選擇看起來較和善的對象，降低跨出第一步的門檻呢？

★大大的讚美孩子的勇氣

因害怕而倒退一步再被我往前推兩步的澤澤，緩緩走到那位服務生面前。澤澤躲在我身後，我輕輕推了他一下，希望澤澤可以自己說出口。那位女服務生很和善的問我們：「請問有什麼事嗎？」

我先幫忙開了口：「不好意思喔，我兒子剛剛不小心做了一件事情，想要跟你們說。」

「發生什麼事了嗎？」女服務生笑咪咪的看著澤澤。

「試著跟姊姊說說看，你可以的。」澤澤有點緊張，我彎下腰低聲對澤澤說。

「對……對……對不起，我……我剛剛不小心用彩色筆畫到桌布了。」

「喔，沒有關係啦！謝謝你跟我說喔。」女服務生往我們的位置看了一眼，很快的回應澤澤。

聽到對方說沒關係，立刻放鬆的澤澤，轉頭對我露出笑容。我也連忙對女服務生說：「不好意思喔，謝謝，謝謝。」

回到位置上，我馬上對澤澤豎起大拇指稱讚一番：「兒子，你好棒喔！超級勇敢的耶！」我摟著澤澤的肩膀，老婆也在一旁讚賞著：「眞的很棒喔，媽媽感受到了你的勇敢。」只見澤澤得意的一直笑著。

不管孩子做了什麼事情，既然已經鼓起勇氣面對了，就給孩子一個最大的掌聲與稱讚吧。孩子一定會隨著我們的陪伴與讚美，越做越好。

爸爸經不碎唸

只要是人，就一定會犯錯。放下擔憂，輕鬆看待孩子的所作所為，畢竟，每個人都是在錯誤中學習的。不要只看到孩子一犯再犯而暴怒，要因為孩子一次比一次進步而喜悅。

在公眾場合大聲哭鬧

放下面子，平常心教養

某天中午，跟家人在披薩店用餐。吃飽的小朋友們在旁邊玩了起來，澤澤相當專注的看著其他小孩手中正在玩的手機。由於我們有規定澤澤一個禮拜看手機或平板的時間，於是我把他叫過來，澤澤一副被打擾的表情。我不想直接跟他說不准看，於是便使用轉移注意力的方法，先讓澤澤離開座位：「哇，你看你的手，黑黑的好髒喔，快，我們去洗手。」澤澤有點不甘願的被我拉去洗手，洗完手，又準備立刻衝去看其他小孩玩手機，但在他一個箭步即將衝過去之際，我也很快的把他拉住。

「幹嘛啦！」澤澤有點不開心。

「沒有去看手機喔。」我嚴肅的搖搖頭。

「爲什麼？」澤澤語氣有點兇。

正當我要開始說明的時候，澤澤卻完全不給我機會，立刻用力的要把我的手甩開，用更大聲且堅定語氣說：「放開我，我就是要去看！」接著開始號啕大哭。我謹記著，當孩子在公開場所大聲哭鬧時，爸媽要做到的三大原則與一個神奇咒語。

孩子在大庭廣眾下哭鬧，請先帶離現場

人多的時候，特別是在室內場所，孩子的哭鬧聲很容易成爲目光焦點，這樣會讓孩子有找尋旁人解救的機會而更大聲哭鬧，而且父母會因爲顧慮其他人的異樣眼光，反而沒辦法正確的教養孩子，所以請先帶離開現場。如果在餐廳，我就會帶孩子到外面去；在百貨公司，我就會帶孩子到樓梯間。這樣，才可以去除干擾，孩子可以比較快平穩情緒，父母也可以用平常心教孩子。

當我一看到澤澤準備要哭了，馬上起身，把澤澤扛到餐廳門口。澤澤便哭得更大聲：「我不要出去，我不要出去，我要找媽媽！我要找媽媽……」餐廳門口有個座位，

我先坐了下來，再一手把澤澤抱在我大腿上。澤澤當然百般不服，努力扭動身軀掙脫大聲哭鬧：「我要找媽媽！」無論我怎麼安撫，他就是不理我，只是不停的重複：「我要找媽媽，我要找媽媽！」

爸媽先處理好自己的情緒

頓時，我整個火了起來，狂揍他的畫面一直在腦中浮現，但是我告訴自己不可以，因爲父母的負面情緒只會讓情況越來越糟。

當人在不理性的時候，說出來的話一定不中聽，甚至會做出人身攻擊，所以如果親子雙方都是用負面情緒硬碰硬，結果一定是核彈爆炸、兩敗俱傷。

於是我對澤澤說：「好，爸爸知道你很生氣，爸爸現在也很生氣，那等我們都不生氣，然後等你哭完了，我們再說。」這句話除了是對澤澤說，也是對我自己說，同時，我也利用這個沉默的空檔，讓自己冷靜下來。畢竟，**大人的價值，在於比孩子有更好的情緒管理**。

不要在孩子哭鬧時講道理

「爸爸，我不哭了。」過了一會，澤澤慢慢停止哭鬧。

「好，那可以聽爸爸講了嗎？」

「我要找媽媽。」

「可以，等爸爸講完了，再去找媽媽。」

「不要，我要去找媽媽。」澤澤聽到爸爸不讓他去找媽媽，又準備要哭了。

此時我就知道，澤澤的情緒其實還未平復，剛剛只是暫時壓了下來，所以我對澤澤說了可以平復孩子情緒的神奇咒語：「我陪你哭完。」接著我繼續說：「我陪你哭完，等你哭完了，然後爸爸跟你講完話，就可以去找媽媽。」

「我陪你哭完。」這個神奇咒語所代表的意義是，「同理」與「陪伴」，同理孩子有負面情緒要宣洩，陪伴孩子度過與學習面對負面情緒。如果我是孩子，我喜歡爸媽同理我，而非只會要求我「不准哭」壓抑著；我喜歡爸媽陪著我，而非放我獨自在一旁叫我自己冷靜。

於是，澤澤又放聲大哭了一回，經過的路人也忍不住朝我們看，我點點頭微笑一下，堅持陪伴他哭完。畢竟當孩子在哭鬧的時候，說再多道理，都聽不進去，只會讓我們更生氣而已，那何不等孩子哭鬧完再說呢，切記，**千萬不要在孩子哭鬧的時候講道理！**

澤澤的哭聲又漸漸變小：「爸爸，我哭完了。」我問了他幾個問題，確定他真的哭完後，才開始跟澤澤講道理。當然，我的情緒也早已經平穩。

「爸爸知道你好生氣，那你剛剛在氣什麼呢？」

「爸爸不讓我去看手機。」

「對，然後你不聽爸爸講話，就立刻大哭，還用力甩開爸爸的手。出來到外面，一直對爸爸大發脾氣，你知道爸爸其實很生氣也很難過嗎？」

「爸爸平常有沒有讓你玩平板？」我問他。

「有。」

「那就對啦，本來就只能在規定的時間內看手機或平板。爸爸剛剛不讓你去看，其實你應該是要跟爸爸商量討論，而不是跟爸爸大發脾氣。」

「好。」

「好了，知道就去找媽媽吧。」說完，澤澤便去找媽媽秀秀了。

事過境遷，另一半當「橋樑」就好

離開餐廳，在回家的路上，我跟老婆說了事情的經過，老婆溫柔安慰著澤澤：「原來是這樣啊，你剛剛這麼生氣喔。不過，你這樣對爸爸生氣，媽媽知道爸爸其實會很難過喔。好啦，以後不可以對爸爸發脾氣，要跟爸爸好好講話，知道嗎？」老婆做得相當好，因爲事情已經過去了，另外一半其實也沒必要再去責備或批評，只要當個很好的橋樑和潤滑劑即可。

回到家後，澤澤一如往常的脫了鞋子、外套，突然轉頭帶點哭腔的對我說：「爸爸，對不起，我剛剛不應該對你發脾氣。」說完，像是宣洩般再次大哭起來。我抱著澤澤在他耳邊輕聲的說：「好，沒關係，爸爸知道了。謝謝你，你好棒，會跟爸爸說對不起，爸爸聽了眞的很高興。」說著說著，連我都快掉眼淚了。父子倆就這樣紅著眼眶相擁一分多鐘才難捨難分。

既然孩子都勇於面對了，父母就不應該再採高姿態去批評，而要放下身段、彎下腰溫柔的擁孩子入懷就好。

爸爸經不碎念

當孩子在公開場合大聲哭鬧，讓許多目光直射過來，老實說，真的會挺不好意思的。此時，一定要提醒自己，不可以因為面子問題，而把教養孩子變成教訓孩子喔！

忘記帶東西到學校

堅守規矩也可以很溫柔

星期五早晨，在澤澤班上講完故事之後，繞去澤澤身旁，想跟兒子抱一下準備離開，看澤澤正忙著翻書包問我：「爸爸，我的水壺呢？」

「我怎麼知道？」我聳聳肩。澤澤繼續翻箱倒櫃就是沒找到。

「啊，兒子，你的水壺沒有帶來。昨晚，你想喝水就拿到房間了。」

「對！早上忘記放進書包了。」兒子也想起來。

「那怎麼辦？你今天要怎麼喝水？」

「爸爸幫我拿到學校來。」

溫柔而堅定的拒絕

「爸爸沒辦法送過來耶！」我當然立刻搖搖頭（心裡O.S：其實我可以~XD）。

「可以，爸爸可以，爸爸有學校的愛心證，可以進學校，我要爸爸幫我送。」澤澤撒嬌著。

「我也好想，但是我等一下有事情耶，沒辦法再繞到學校來。」我故作無奈狀。

「等一下是什麼事？」澤澤還是不放棄。

「爸爸等一下要去xxx啊，還要去找某某某談事情啊。爸爸真的很想送，但是真的沒辦法。」

「是喔，那怎麼辦？」澤澤有點失望。

如果這是屬於孩子的事情。當孩子忘記了，就讓他自己承受後果吧。如果孩子只要一忘記事情就幫忙送，我們要幫孩子送幾到幾歲呢？所以，只要不是非常重要的事情，不管多想幫孩子，都請忍住啊！

父母的「堅持」是對的，然而在堅持的同時，若這樣說：「沒有，爸爸不會幫你送。」「這是你自己忘記，你要自己想辦法！」卻容易讓對方抗拒，而少了些情感成分。所謂「一口饅頭一口水」，只吃（堅持的）饅頭，容易噎著，何不加點（溫柔的）水呢？「對啊，我也好想喔。」「爸爸眞想幫你送，但是……」如此，既可以貫徹堅持自己的原則，孩子也可以感受到我們對他的愛。

親子之間無需劍拔弩張，**「堅持」也可以用溫柔的言語來表達**。

★引導孩子找尋其他方法

我看澤澤沒有再要求我送水壺了，於是轉而引導他去想想看有沒有其他方法。

「教室外面有飲水機，你有沒有什麼東西可以裝水呢？」

「有，漱口杯。」

「哈，可以，但你要洗很乾淨喔。」

「再想想，還有沒有更好的容器？可以裝水來喝的。」

「碗」。對，連我都沒有想到。

「好，那就先拿碗來喝水囉。」

「之後，你自己要記得帶水壺啊。」

「好，我會記得。」

生活中永遠沒有標準答案，但孩子很容易在死胡同裡打轉，有時需要的只是我們提點一下。

★相信孩子有能力自己面對

我們都很希望孩子可以一路順遂，平平安安的快樂長大，有任何困難與問題，做父母的我們也都很樂意讓孩子依賴、幫孩子解決。但事實上，每當我們幫孩子解決了一個問題，其實就等於剝奪了一個讓孩子練習與成長的機會。**相信孩子，堅信孩子一定可以面對各種狀況**。而我們只要遠遠的替他們開心鼓掌就好。

爸爸經不碎唸

如果不希望孩子上了高中或大學，還跟在他身後玩你丟我撿的遊戲，從小就要開始「忍住」不插手喔！

問孩子學校的事情，每次都回答「忘記了」

詢問孩子問題的技巧

上小學的澤澤，正在適應與幼兒園全然不同的生活。每天下課後，我都會問他：「兒子，今天在學校做了些什麼啊？」「在學校開心嗎？」「有學到什麼東西嗎？」剛下課有些疲累的澤澤，低頭想想後，只回答我：「忘記了」「還好耶」或「不知道」接著繼續做著自己的事情，一副就沒有想要繼續聊下去的樣子。

或許是因爲讀幼兒園的澤澤，會很自動把學校的所有事情都跟我們說，所以，當澤澤不會自己主動講的時候，反而讓我們不知道該怎麼問孩子學校的事情。於是，我打算挖掘出從「所有事情都主動跟我們說」轉變成「只回答『忘記了』」的背後原因。

其實，不是孩子不想講

有一天下課後，我邊幫澤澤洗澡，邊和他一起唱歌玩遊戲，心想：「趁這個時候問他好了。」

「兒子啊，你上小學一年級也一個多禮拜了，對不對？」

「對啊。」

「爸爸發現啊，你讀幼兒園的時候都會講好多學校的事情，但現在怎麼都沒有啦？」

「嗯，不知道耶！」

「啊，但是爸爸好想知道你在學校發生的事情耶！」

「是喔，但是我現在不想講耶。」

「爲什麼啊？嗚嗚嗚，還是你不想要跟我講話了，嗚嗚嗚……」我跟他開玩笑假哭。

「爸爸，我沒有不想要跟你講話，可能是因爲上學有點累，所以不太想講話而已啦。」澤澤知道我在跟他玩，連忙解釋。

澤澤這句話，讓我想到大人有時下班後，也會有太累只想放空休息，什麼都不想講的時候。即使要聊天，也只想聊工作以外的事情。如果此時有人來問：「怎麼樣？工作還順利嗎？」你應該也只想翻個白眼或是隨便帶過、簡單回應吧。或許孩子也是如此。先別以大人的角度去認爲孩子只是上學而已，有什麼好累的。不然，換我們每天去學校坐好幾個小時，搞不好更累呢！

接下來，如何引發孩子說話的契機，就要找方法了。

★從開心的事情問起，順利打開話匣子

既然知道澤澤不想回答的原因，那就不能用這些廣泛性的問題提問了：「在學校都在幹嘛？」「今天還好嗎？」「上學開心嗎？」這些太廣泛的問題，只會得到孩子敷衍般的簡短回應「沒幹嘛」「還好」「開心呀」。假使我們繼續問下去：「那，做什麼事情開心呢？」通常就只會得到孩子一句「忘記了」這個答案，而將對話畫上句點。

最能讓人打開話匣子的一個契機，就是從開心的事情問起。

隔天，我去學校接澤澤放學，回家的路上，我劈頭就問：「兒子，今天你有幾堂下課啊？」會這麼問的原因，是因爲我知道澤澤現在最喜歡的就是下課跟同學到操場玩。但有時候他下課會爲了要訂正或是寫作業而無法出去玩，所以只要有外出跑跳的下課時間，都會是一天中最開心的事情了。

果不其然，澤澤聽到我這麼問就興高采烈的回答：「爸爸，你知道嗎？我今天有兩堂下課喔。」我也興奮的說：「眞的假的?!這麼棒，只有一堂在教室呀！」澤澤很開心的說：「對啊，我們下課都有跑去操場玩喔！」我聽到他這麼說，就知道澤澤的話匣子被打開了。

從開心的事情開始詢問，就像點燃記憶的引線，接著只要沿著冒火花的引線，就可以找到我們想得到的答案。

★問對問題，就能從點到面的了解

「你們下課都在玩什麼啊？」我接著問。

「我們玩鬼抓人啊，紅綠燈啊。」（喔，知道澤澤下課都在做什麼了。）

「那你都跟誰玩啊？」

「跟我的好朋友，A同學跟B同學呀。」（喔，知道澤澤的朋友是誰了。）

「你們在玩的時候有發生什麼有趣的事情嗎？」

「哈，有啊，我們在玩鬼抓人的時候，都會躲到我們的秘密基地，不讓其他人找到。」澤澤像是想到了什麼好玩的，噗哧一笑。

「這麼有趣？秘密基地在哪裡啊？」

「偷偷跟你說喔，在司令台後面。」（喔，知道澤澤與朋友玩遊戲的細節了。）

「好的，爸爸不會跟別人說。」

「那，爲什麼有一堂不能下課呢？」

「因爲老師覺得我寫的字可以再更好看，所以要我在下課的時候訂正。」（喔，知道澤澤與老師的互動了。）

「你一定超想下課的，對不對？」

「對啊！」

「不過，你寫的字眞的越來越漂亮了，我想老師的要求也是有原因的。」

「那有誰跟你一起留在教室裡嗎？」

「有……」

就這樣，在走回家的十幾分鐘路程上，我與澤澤享受著兒子第一次上小學後的聊天時光，我們從「有沒有下課」的話題，不斷延伸到「下課在做些什麼」「好朋友是誰」「與朋友們玩遊戲的細節」「與老師的互動」……等，這些孩子在學校的一切。

話題從一個「點」延伸到成爲一個「面」。反之，回頭看看自己之前不得要領，以「面」開頭的廣泛問法：「今天還好嗎？」「在學校快樂嗎？」則容易被孩子省略。用點到面的衍生問法：「今天有下課嗎？」「中午吃什麼好吃的？」才會讓孩子打開停不下來的話匣子喔！

爸爸經不碎唸

關心，其實有很多種方式，何不採用最讓人舒服的一種呢？除了從開心的事開始詢問，帶點好玩與趣味的方式來問問題，也可以引發孩子回答的興趣喔。像是「我們來玩遊戲，講出今天最開心與最不開心的一件事情」「我們來比賽，看誰先講出五個今天有講過話的人名字」。

另外，在最放鬆的時刻聊天，也能讓人滔滔不絕喔，像是吃飯、洗澡或是睡前講完故事的時間，都是增進親子互動與了解的最佳時刻。

在商場亂摸東西

正向溝通，給予直接指令

每當天候不佳或是不知道該帶孩子去哪裡的時候，逛百貨公司或是大賣場永遠都是不錯的選擇。剛好老婆想去買些碗盤，就帶著一家大小出門。

花寶坐在推車上，我推著車，澤澤走在我們旁邊，一區一區的閒晃著。遠遠看到賣碗盤的地方，澤澤隨即轉頭大喊：「在那邊。」才剛說完就立刻往前奔去，老婆一急高聲喊著：「澤澤，不要跑！不要用跑的！」餘音尚未散去，也跟著小跑步追了上去。

走到賣碗盤的區域，老婆仔細挑選，澤澤好奇的東張西望，我帶著花寶到旁邊看其他東西。沒多久，就聽到老婆嚴厲的唸著：「你有在聽我講話嗎？我已經跟你講過好幾次『不要摸！』了，你爲什麼還一直摸呢？」我趕緊繞回去一看究竟。

原來是澤澤好奇的伸出手想要摸摸看，老婆看到先輕聲提醒：「澤澤，不要摸喔，這邊都是會破的碗盤。」然而這個提醒似乎起不了作用，澤澤依然直接拿起了一個玻璃杯，只見老婆抓住澤澤手中的杯子，皺起眉頭略帶生氣的說：「這是玻璃的，不可以碰！」接著從澤澤手中拿走杯子，輕輕放回架上。本以為澤澤已經聽懂媽媽說的，餘光卻瞄到他又準備伸出手摸別的東西，老婆生氣了，認為澤澤根本就沒在聽她講話，於是憤怒的斥責著：「你有在聽我講話嗎？我已經跟你講過『不要摸！』了，聽不懂嗎？你為什麼還一直摸呢？」

或許，孩子不是故意的，只因為我們的指令出了問題。

避免說容易被孩子忽略的「間接指令」

當孩子做出一些行為時，爸媽覺得應該要加以制止或是提醒，直覺會把該行為直接加上否定詞給予孩子指令，像是「不准摸杯子」「不行亂跑」「不可以跳沙發」「不要再哭了」。然而，這些否定句在孩子腦袋裡，其實需要轉換，才能讓他做出符合預期的正確行爲。

「不要亂跑，所以應該是要……」「不可以跳沙發，所以我要……」「不要再哭了，所以應該是要……」這些需要經由轉換的否定句，在孩子腦中，特別是當他專注於其他事情的時候，很容易被忽略。當孩子聽到這些需要轉換的間接指令時，則會自動省略掉「不要」「不行」「不可以」「不准」等這些否定句，只聽進後面的詞句。當我們說：「不要摸杯子」，他只聽到「摸杯子」；「不行亂跑」只聽到「亂跑」；「不可以跳沙發」只聽到「跳沙發」；「不要再哭了」只聽到「哭」。於是，爸媽喊得越大聲、越用力，孩子反而做得越起勁。然後大人氣得半死，孩子卻一副不知道發生什麼事情的模樣。所以不是孩子不聽話，其實他們都聽進去了，只是他們聽到的，是否定句的後段。

爲何要給孩子需要轉換的間接指令呢，何不給予孩子「該怎麼做」的直接指令吧！

★給予正向的「直接指令」

我先安撫正在氣頭上的老婆，再蹲下來對澤澤說：「澤澤，你知道媽媽剛剛跟你說什麼嗎？」澤澤一臉無辜樣的搖搖頭，我心想他應該是沒有聽清楚媽媽講的間接指令吧。此時也無需責怪孩子，只要告訴孩子接下來該怎麼做就好。我指著周邊的杯盤，再對澤澤說明原因：「兒子啊，這些東西都是玻璃或是陶瓷做的，一個不小心掉到地上是會破的喔！所以媽媽才會跟你說不要摸。」澤澤點點頭。「所以等一下你只能用看的喔。」澤澤回答：「好。」當然，孩子怎麼可能這麼聽話呢，一定會有好奇心超越理智的時刻。當澤澤又想伸手去摸的時候，我只需用正向指令提醒一下：「澤澤，用看的喔。」「把手收回來。」澤澤都會接受到我給予的正向直接指令，而且做到我希望他做到的行爲。

給予孩子無需轉換的正向直接指令，告訴孩子「該怎麼做」而非「不可以怎麼做」，既直接又有效，也不會發生大人自顧著生氣，但孩子卻全然不知你在氣什麼的囧境。

爸爸經不碎唸

請多練習正向的直接指令，在事情發生的當下，才能養成習慣自然脫口而出喔！

「不要摸杯子」→「只能用看的」

「不行亂跑」→「要用走的」

「不可以跳沙發」→「沙發要用坐的」

「不要再哭了」→「你可以好好講」

吵著要買玩具

堅守原則，處理孩子的要求

每次帶澤澤與花寶去玩具店，總是喜憂參半，開心的是我自己也喜歡看新奇的玩具，同時感受到孩子們的喜悅，擔憂的是，「爸爸，我可不可以買這個？」「那個玩具我們家沒有耶。」之類的請求聲不絕於耳。如果只是單純進來看一看，並沒有打算要買，孩子這些請求「爲什麼不可以買？」「我眞的好想要喔！」「某某某都有這個，我一定要。」就會隨著我的拒絕而進行到下一個談判階段，使原本歡樂的氣氛變成父子都怒氣沖沖的離開玩具店。

孩子想要玩具的欲望以及爸媽立下規矩的堅持，兩者之間的拉扯，其實只要用對方法與技巧，就可以避免這些衝突發生。

事先與孩子約法三章

我看著澤澤與花寶充滿期望的雙眼，蹲下來跟他們說：「好，我們可以進去。」澤澤與花寶當場情不自禁的高舉雙手歡呼，「但……是……我還沒說完」我打斷他們的歡呼，用嚴肅的語氣繼續聲明：「我們等一下只能用看的，沒有要買喔，知道嗎？」澤澤與花寶當然爽快答應。我再次提醒：「如果為了買玩具在裡面哭鬧的話，我們就要立刻出來，沒辦法再繼續看玩具囉！」

事先與孩子約法三章，並不是對每一個年齡層的孩子都有效，對於大小孩而言比較有效果，因為大小孩較會思考，也比較會聯想到沒有做到的後果，特別當他們面對的是說一不二的爸媽時。至於對無法在事前就先想到後果的學齡前幼兒而言，為達目的「先答應再說」，永遠是他的直接反應。所以父母不如自己先想到孩子可能反悔不遵守約定的可能性，當孩子真的沒有照著說好的約定去做時，比較可以心平氣和的處理，用不著給孩子扣上「不守信用」或「答應的事情沒做到」的帽子，如此只會讓自己越來越生氣罷了。

很酷。」

★用「可以」代替「不可以」回答孩子的請求

一進到玩具店，澤澤跑去看超級英雄與車子，花寶則去看扮家家酒與可愛玩偶。爲了兼顧兩人的安全，我站在可以同時看到他們兩個人的交界處。只見澤澤從架上拿下一個盒子，緩緩朝我走過來，欲言又止：「爸爸，這個玩具很酷耶！還可以變形喔。」

我早料到他走過來的「企圖」，以不變應萬變，不動聲色笑著回應：「對啊，眞的很酷。」

「這個跟我們家的都不一樣喔。」

「是喔，眞的都不一樣耶！」我順著他的話回應。

「所以……所以，我可以買嗎？」果然，我心裡正在偷笑。

「你覺得呢？」

「我知道爸爸剛剛講過不行了，但是我眞的很想要這個耶！爸爸，可以買嗎？」

「可以啊，等你生日的時候再買囉！」

任何人聽到對方直接否定自己說的話時，像是「不可以」「不行」「沒有」，第一個反應絕對都是不高興、不喜歡，甚至想要反駁，因爲這些否定句讓人接收到的感受是失去與失落。所以，當孩子有些要求的時候，用不著一開始就直接否定，而要用「可以」代替「不可以」。

「好啊，你吃完飯就可以吃糖果。」「可以啊，你先把該做的做完就可以去玩了。」先用正向詞，像是「可以」「好啊」「沒問題」開頭，再把規範限制放在後頭，讓孩子清楚知道爸媽答應的規則與規範。如此，孩子也能保持好情緒繼續與我們溝通，而不是一聽到否定的話就把耳朵摀住了。

澤澤一年之內，只會有兩次機會得到想要且較貴的禮物，其中一次就是生日禮物。離生日還有好幾個月的澤澤一聽到我說：「可以啊，等你生日的時候再買囉！」立刻回答：「可是離我生日還有好久喔。」我說：「是啊，再等幾個月就可以買囉！」此時澤澤陷入深思。我再補一句：「會不會到你生日的時候有更喜歡的玩具呀？」澤澤想一想說：「好，那我先不要買好了。」說完就轉身把玩具放回去了。

用「可以」代替「不可以」，其實就是在孩子可以接受的程度內，給予有限制的同意和承諾，同時爸媽也說明與執行了對孩子定下的規範。

★堅持且確實做到「反悔」的後果

才剛搞定澤澤，花寶也在一旁等著，當然，手中還拿著一個洋娃娃。花寶燦爛的笑著說：「爸爸，我想要買這個。」我知道剛剛對澤澤的方法，對花寶不一定有效，因爲花寶還正處於凡事先答應再說，而尚未聯想到後果的年紀，所以我要準確的對花寶說：「沒有喔，剛剛進來前爸爸已經說過了，只能用看的沒有要買。」花寶一聽到我說沒有立刻大聲了起來：「我要，就是要買！」我搖搖頭堅持的回答：「沒有！」我看花寶快哭的模樣，先提醒著：「ㄟ～爸爸之前有講過囉，如果爲了買玩具在店裡面哭鬧的話，我們就立刻到外面去囉！」此時已在情緒頂端的花寶，不管我說什麼還是只顧放聲哭泣。於是我立刻一把抱起花寶，同時對著兒子揮手說道：「兒子，我們走了。」澤澤一看，當然知道發生了什麼事，也很快的小跑步到我身邊，牽著我的手一起走出去。

我與澤澤就在玩具量販店外陪著花寶哭完。

花寶收起了眼淚說：「爸爸，我哭完了，可以再進去嗎？」我回答：「可以啊，下次吧，因爲妳剛剛哭鬧了，所以我們現在要回家。」才剛說完，花寶又哭了起來。隨著她一次又一次的情緒起伏，直到接受事實，便與我一起走回家去。

堅持且確實做到告知的後果，孩子才會隨著每一次的衝撞，更加了解爸媽的底線是堅定不移的。

爸爸經不碎念

當孩子不斷吵著要買玩具，固然會讓大人很煩躁，但這也表示孩子有著鍥而不捨的精神啊！這種精神相當值得鼓勵，不需要因此而覺得孩子很盧、很煩。只要轉個念頭重新看待孩子的行為，父母也可以採用較平和的態度從容應對喔！

一生氣就站在馬路上不走了

與孩子解釋「危險」

某次，我牽著澤澤與花寶走在大街上，開心的聊著天。走到轉角處，手機響起，我停下腳步跟他們說：「你們先等我一下喔，爸爸講個電話。」在一旁等我講電話的兄妹倆，便鬆開我的手追逐著。雖然我們鄰近馬路大概有五大步之遙，我的目光依然不時往他們的方面看去，注意著安全。

突然看到花寶跑到人行道邊緣，眼看一腳就快要踩到馬路上了，我立刻一個箭步上前，抓住花寶的手臂往後退了幾步，再轉頭跟他們說：「這邊是馬路很危險，統統往裡面站。」澤澤很快就站進人行道裡，但是花寶卻一臉生氣的模樣一動也不動，可能是被我剛剛的舉動嚇到了吧。綠燈亮時，我呼喊著澤澤與花寶要走囉，再次牽起他們的手準備過馬路。誰知道才在斑馬線上走了幾步，還在生氣的花寶突然甩開我的手，不走了。此時，綠燈已開始倒數二十秒。

先帶孩子到安全的地方再講道理

我低頭問花寶：「怎麼了？趕快走啊！」倔強的花寶不回答。我加重語氣：「我們現在是在馬路上喔，請妳現在跟我過去。」花寶依舊不說話。此時，完全不用再多說，我立刻一手牽著澤澤，另一手把花寶扛了起來，先帶到安全的地方再繼續跟孩子說。

年紀還小的孩子，因爲無法完全掌控自己的情緒，常會讓情緒主導行爲進而忘記後果。所以只要當孩子的行爲攸關安全的時候，爸媽一定要介入，然後把安全列爲第一考量，而非在危險的狀態下急著安撫孩子的情緒或對孩子講道理。

邊哭邊使勁狂踢的花寶，被我抱回人行道上。我安撫著花寶：「我知道妳好生氣，我陪妳哭完，等妳哭完了再跟妳說。」於是我與澤澤，就在路邊陪著花寶慢慢收起哭聲。

★用孩子的語言解釋危險

「請問妳剛剛在生什麼氣？」等花寶哭完了，我蹲下來問她。

「我不喜歡爸爸這麼用力抓我。」

「不小心弄痛妳了，爸爸跟妳道歉，不過爸爸會突然這麼用力抓住妳是有原因的。」我摸了摸剛剛花寶被抓住的手臂。

「花寶，妳看喔。」我傾身搭著花寶的肩，伸手指著來來往往的車子說道：「這些摩托車跟汽車，有沒有開得好快？」

「有。」花寶點點頭。

「妳剛剛跟哥哥玩的時候跑到那邊，有沒有離那些車子好近？」我再指著人行道邊緣說，花寶似乎也可以想像危險的情境，不停點頭。

「如果有一輛車子開得好快，沒有注意到妳，那有沒有可能會碰到妳呢？」

「會。」

「如果車子碰到了花寶，嚴重的話，可能要去醫院喔。」

「我不要去醫院。」

「爸爸也不希望花寶去醫院。如果妳在醫院，好多地方都不能去，好多玩具都不能玩喔。而且啊，爸爸一定會超級超級超～級擔心跟難過的。」花寶聽到我這麼說，突然衝向我擁了上來。

「還有，妳剛剛因為生氣而站在馬路上不走，也是一樣很危險喔！妳可以生氣，但是腳還是要繼續走，等過完馬路，爸爸一定會聽妳講。知道嗎？」花寶答應我，我便起身轉頭跟澤澤揮了揮手說：「好了，我跟妹妹講完了，久等啦，我們走吧！」

爸爸經不碎念

父母既然是出於關心，為什麼要用罵的方式來表達呢？直接跟孩子說出我們擔心的情緒與感受吧，孩子才會真正的接收到我們對他的關心。

在大眾運輸上大聲喧嘩

三招讓孩子安靜

某日，一家人在月台上等著高鐵，澤澤與花寶相當興奮，你一言我一語的說個不停，畢竟這是全家期待已久的旅行。坐上高鐵，澤澤與花寶還是嘰嘰喳喳不停講話，還有些昏昏欲睡的我，真的很想小睡一會，便跟兩小說：「你們坐好，今天這麼早起床，累的話先睡一下喔。」原本幻想著大家一起在高鐵上補著眠，抵達目的地再精神飽滿的到處遊玩，誰知澤澤與花寶依然精神奕奕，搭上高鐵已經過了三十分鐘，兄妹倆還是沒有睡意。同時我也注意到，他們的音量似乎已經大聲到可能影響他人的程度了。

當孩子在大眾運輸上大聲喧嘩，有三招可以因應。

給予正面的直接指令

「你們好吵喔。」「講話可不可以不要這麼大聲啊！」「再吵，等一下處罰你們。」被孩子的聲音干擾到不耐煩的爸媽，時常會用帶有負面語詞的間接指令來批評孩子，希望直接指出孩子做不對的地方，然後期望孩子可以自動做出對的行爲。但父母這樣說卻往往事與願違，孩子只會暫時改善，不需要多久時間又大聲起來，車上的旅客依然受到影響。此時，爸媽只會認爲孩子實在是不聽話，其實，是指令出了問題。

假使我們用「不要吵」這種負面語詞的間接指令，孩子腦袋裡其實需要將「吵」轉換成「安靜」。例如：「爸媽說我們好吵，所以我們現在是要安靜。」然而越小的孩子越難去做這種轉換，或是當孩子的專注力不在聽爸媽的話時，也根本不會轉換，於是乎，只會讓爸媽覺得孩子很不聽話，殊不知此爲孩子的非戰之罪啊。

既然要給予孩子指令，何不直接給予正面的直接指令呢？「說話請小聲。」「把聲音降低一點。」「現在不要講話，要安靜喔。」給予孩子不需要轉換的直接指令，可以更準確的表達我們想說的意思，也可以讓孩子直接接收到他必須執行的指令與動作。

一起玩安靜遊戲

有時候孩子太興奮時，給予正面的直接指令，也有可能沒有太大效用，此時，可以帶孩子一起玩「安靜遊戲」。

「來，澤澤看著爸爸～你太開心了，我們現在一起安靜一分鐘。」我按著澤澤的肩膀，試著讓他不亂動，再讓澤澤跟著我一起做呼吸運動：「來～吸氣～吐氣～再吸氣。」大一點的孩子確實可以跟隨我調節呼吸，甚至可以閉著眼睛，讓高亢的心情緩緩趨於平靜。

年幼的孩子則是要用遊戲的方式引導他安靜下來：「花寶，來跟爸爸比賽喔，我們來玩「看誰最安靜」的遊戲喔！五分鐘之內，誰先開口說話誰就輸囉！預備，開始！」只要說到「比賽」兩字，孩子絕對是最開心的，一定會躍躍欲試，那我們就來跟孩子比「安靜」吧，相信我，孩子絕對會安靜到不行喔！

等孩子的情緒藉由以上的方式冷靜下來後，我們可以拿出撲克牌、桌遊，或是故事書等讓他們從事靜態的活動，讓孩子自己玩或是與孩子一起玩。此時的孩子也已經比較可以控制自己的興奮情緒，不會再大聲喧嘩了。

說出自己與他人的情緒和感受讓孩子理解

當孩子在大眾運輸上大聲喧嘩時，制止孩子的行爲，主要是怕影響他人，那麼，何不趁這個機會，讓孩子學習如何同理他人與尊重他人呢？跟孩子說要「同理」、要「尊重」，其實他們是聽不懂的，我們應該要試著與孩子說出**「自己與他人的情緒與感受」**。

「澤澤，爸爸知道你好開心，但你看那位叔叔。」我手指著一位正在睡覺的乘客，低聲問：「你知道他在幹什麼嗎？」

「他正在睡覺。」澤澤也跟著壓低音量。

「對啊！平時早上你還在睡覺的時候，爸爸叫你起床，你都會怎麼樣？」

「我都會很生氣啊。」

「是啊，那如果我們太大聲，把那位叔叔吵醒了，你覺得他會不會生氣呢？」

「嗯，會！」

「對囉，我們講話要小聲一點，不要把叔叔給吵醒囉，噓～」

澤澤也跟著說：「噓～」

試著讓孩子理解他人的感受，也是個很好的機會教育喔！

爸爸經不碎念

當孩子太小，還無法溝通時，絕對不可兩手一攤，認為「小孩子就是會吵啊，不然是要怎樣?!」如此單方面的希望他人能夠同理我們。其實對於小小孩的吵鬧，有個大絕招，就是轉移注意力。先排除生理上的不適，我們可以做鬼臉、發出怪聲音或拿出所有他有興趣的玩具與事物，吸引孩子的注意力，孩子便能從哭鬧的情緒轉換成破涕為笑囉！

「我很高興你願意跟我說。」

父母只要在傾聽時說出這句話，
孩子就會認為「爸媽好懂我喔，爸媽跟我是同一國的！」
爸媽不僅要在實質上陪伴孩子，心靈上更要與孩子站在同一陣線，
不要因為「為了孩子好」，卻讓彼此的關係越來越疏遠。

說出父母的內心話

直接跟孩子說出我們的內心話，也別吝於稱讚孩子，
當然，更要多跟孩子說「我愛你」，
讓孩子真心感受到，父母對他們的愛。

後記&感謝

時間過得好快，現在澤澤八歲，花寶也四歲了。

雖然有點辛苦、有點忙碌，屬於自己的時間實在少之又少，但隨著時間過去，回頭一看，微笑在回憶中發芽，幸福也在記憶中茁壯。

有了孩子，眞的好開心、好值得。

錢，再賺就有了；時間，擠一下也會有，但是與孩子之間共同的回憶保存期限，錯過了就眞的沒了，畢竟與孩子親膩在一起的甜蜜時光，也只有這幾年，不是嗎?!

這本書，也是我與孩子之間很重要的甜蜜紀錄。

除了謝謝家人們的支持，當然最要感謝的，就是我老婆。

老婆，謝謝妳爲我與孩子們的陪伴與付出。

我愛妳。

澤爸

孩子，我們慢慢來

世界腳步越快，孩子卻要慢養。
偶爾，陪著孩子慢慢走吧！
看來～再過七年，兒子就要跟我勾肩搭背了吧，
看著這些時光的照片，真希望時間跑慢一點，
珍惜當下，珍惜孩子還黏著我們的每一個快樂時光。

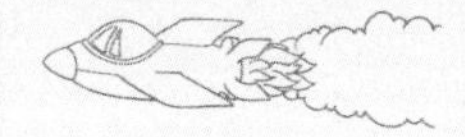

夫妻照顧孩子，沒有「幫忙」這回事

照顧孩子就是在跟孩子產生情感的交流與累積，
親子之間情感的堆疊，需要每一件照顧孩子的小事來累積，
所以孩子的事情，就是夫妻倆共同的事。

澤媽小語

不知不覺，我已當了八年的媽媽。

回想起這不算短的時光裡，從不知道如何幫寶寶換尿布、洗澡時的手忙腳亂，到漲奶時的痛苦不堪，覺得自己像隻永遠擠不完奶的乳牛……等，一幕幕慌亂的場景，彷彿如昨日般歷歷在目。

在這段照顧孩子的歲月裡，每天最期待的，便是澤爸下班回家了。當澤澤還小，我會在需要做家務時，換手讓澤爸照顧小孩；當花寶出生後，澤爸也會陪伴澤澤，讓我可以專心照顧妹妹。當兄妹倆漸漸長大，每天爭吵不斷、爭執重複上演，我會讓兩小去找爸爸，把調解孩子間的問題交給澤爸，讓我可以稍稍享受一個人片刻的安靜。

謝謝你，在我還是新手媽媽、搞不定狂哭的新生兒時，一直陪伴我一起面對並解決問題。

謝謝你，在每個假日早晨，自願早起陪伴孩子並準備早餐，讓我可以小小賴床一

下。

謝謝你，在我沒睡飽想補眠時，時常一個人帶著兩小去公園玩。

謝謝你，每當我們遇到新的教養狀況時，總是能將互相討論、分享彼此的觀念，共同找出最適合孩子們的方式。

謝謝你，每當我又開始鑽牛角尖時，總是不厭其煩的開導我與鼓勵我。

這本書是我們每天生活中所發生的大小事集結，當然也可能是一般家庭中的眞實生活縮影。也許每對父母對於如何教導小孩的想法都不一樣，但相信愛小孩的心是永遠不會變的。在此也鼓勵爸爸們，夫妻之間不分你我，沒有誰幫誰，只有體諒與分攤，家是兩人共同經營的，爸爸們工作忙碌之餘，也該試著多參與孩子的教養與陪伴，畢竟，孩子一轉眼就長大，這段寶貴的時光，錯過了就回不去囉！

澤媽

表達愛，永遠比講道理重要

提醒自己，親子關係永遠比教養重要，
所以在這段親暱的時光，一定要做到：
給予孩子的稱讚比責罵多；
面對孩子的笑臉比生氣多；
貼正面標籤比負面標籤多；
記得孩子的好比不好要多；
跟孩子說我愛你比嘮叨多。
與所有爸媽共勉之～

國家圖書館出版品預行編目資料

讓孩子在情緒裡學會愛：陪他經歷喜怒哀樂，說出真感受
/魏瑋志著. -- 初版. -- 臺北市：如何, 2016.03
280 面；14.8×20.8公分 --（Happy family；60）

ISBN 978-986-136-449-0（平裝）
1.親職教育 2.親子溝通

528.2 105000028

Eurasian Publishing Group
圓神出版事業機構
用心與你對話・視野無限寬廣
如何出版社
Solutions Publishing

www.booklife.com.tw reader@mail.eurasian.com.tw

Happy Family 060

讓孩子在情緒裡學會愛：陪他經歷喜怒哀樂，說出眞感受

作　　者／澤爸（魏瑋志）
發 行 人／簡志忠
出 版 者／如何出版社有限公司
地　　址／台北市南京東路四段50號6樓之1
電　　話／（02）2579-6600・2579-8800・2570-3939
傳　　真／（02）2579-0338・2577-3220・2570-3636
總 編 輯／陳秋月
主　　編／林欣儀
責任編輯／尉遲佩文
專案企畫／賴真真
校　　對／澤爸・蔡緯蓉・尉遲佩文
美術編輯／李家宜
行銷企畫／吳幸芳・詹怡慧
印務統籌／劉鳳剛・高榮祥
監　　印／高榮祥
排　　版／莊寶鈴
經 銷 商／叩應股份有限公司
郵撥帳號／ 18707239
法律顧問／圓神出版事業機構法律顧問　蕭雄淋律師
印　　刷／祥峯印刷廠
2016年3月　初版
2022年7月　12刷

定價 280 元　ISBN 978-986-136-449-0